收入不均等与农村贫困
——理论与实证

熊小刚 吴海涛 ◎ 著

中山大学出版社
SUN YAT-SEN UNIVERSITY PRESS
·广州·

版权所有　翻印必究

图书在版编目（CIP）数据

收入不均等与农村贫困：理论与实证 / 熊小刚，吴海涛著. —广州：中山大学出版社，2017.12
　ISBN 978-7-306-05965-9

　Ⅰ. ①收… Ⅱ. ①熊… ②吴… Ⅲ. ①农村—家庭收入—研究—中国 Ⅳ. ① F323.8

中国版本图书馆 CIP 数据核字（2017）第 009386 号

SHOU RU BU JUN DENG YU NONG CUN PIN KUN——LI LUN YU SHI ZHENG

出 版 人：徐　劲
策划编辑：陈　露
责任编辑：赵爱平
封面设计：沈　力
责任校对：秦　夏
责任技编：沈　力
出版发行：中山大学出版社
电　　话：编辑部 020-84111996，84113349，84111997，84110779
　　　　　发行部 020-84111998，84111981，84111160
地　　址：广州市新港西路 135 号
邮　　编：510275　　传　真：020-84036565
网　　址：http://www.zsup.com.cn　　E-mail：zdcbs@mail.sysu.edu.cn
印　刷　者：虎彩印艺股份有限公司
规　　格：787mm×1092mm　1/16　15.5 印张　183 千字
版次印次：2017 年 12 月第 1 版　　2017 年 12 月第 1 次印刷
定　　价：47.00 元

如发现本书因印装质量影响阅读，请与出版社发行部联系调换

内容简介

经过30多年快速的经济发展，我国农村减贫取得了世界公认的成就。从2010年到2015年，按照新的农村贫困统计标准，我国农村贫困人口从大约1.28亿减少到5575万。尽管如此，我国经济社会发展的总体水平还不高，制约贫困地区和贫困人口发展的深层次矛盾依然存在。我国政府高度重视扶贫工作，将2020年全面脱贫作为社会经济发展的重要目标。过去30多年，我国反贫困的巨大成功主要得益于持续而强劲的经济增长。在收入分配状况不变的前提下，贫困缓解与经济增长存在正相关关系。较之经济增长，不均等上升对贫困缓解产生重大影响。自20世纪80年代以来，我国的收入差距不断攀升，在中国经济发展进入新常态的背景下，我国当今和未来贫困缓解需要更多地从缩小收入差距方面着手。探究当前农村贫困和农村收入不均等状况，分析影响贫困和收入不均等的主要因素，分析收入不均等对贫困的影响，对于我国农村反贫困工作意义重大。然而遗憾的是，至今为止很少有学者通过定量分析来研究我国农村不均等对贫困的影响。

本书以湖北农村家庭作为研究对象,利用湖北省 2005 年、2008 年和 2010 年的实地调研数据,围绕收入不均等和贫困这一主题,描述了调查年份湖北农村家庭的收入构成和消费结构,运用国定线、1 美元线和 2 美元线测度了收入、消费和食物三个方面的贫困发生率、贫困深度和贫困强度。同时也从 6 个维度测度了 3 个调查年份湖北农村家庭多维贫困状况。用基尼系数和泰尔指数从不同来源收入、不同家庭类型收入、不同地形农村家庭收入和不同地区农村家庭收入四个方面,揭示了 3 年间湖北农村家庭的收入不均等程度。同时分析了影响湖北农村家庭贫困和收入不均等的因素,并进一步探究了收入不均等是如何影响贫困的,并在此基础上为消除贫困提出了政策建议。

本书尝试研究农村收入不均等对贫困的影响,全文共分为七章。导论部分提出研究问题,指出本书研究的意义,明确本书的研究目的和研究内容,提出本书的研究思路和框架,并对本书所采用的研究方法和数据进行说明,最后指出本书中可能存在的创新点和不足。第一章对收入不均等、贫困、多维贫困和贫困线等相关概念进行界定,阐述本书涉及的相关理论,如贫困与反贫困理论、收入分配理论、可持续生计理论和涓滴理论,并梳理经济增长、收入不均等与贫困关系的文献。第二章从理论上梳理了收入不均等与贫困之间的关系,主要分为三个方面,即不均等与经济增长的关系,贫困与经济增长的关系,贫困与不均等的关系。第三章描述了湖北农村的贫困状况,并分析湖北省农村贫困的影响因素。首先介绍测度贫困的基本方法,如 FGT 指数、森指数、阿特金森系数和组分分解法,接着从收入、消费和食物三个维度对湖北农村贫困进行测度，最后分 6 个维度对湖北农村家庭的多维贫困状况进行度量。接着研究了湖北农村贫困的影响因素，主要从四个方面来分析，即多维贫困影响因素分析、收入贫困影响因素分析、消费贫困影响因素分析和食物贫困影响因素分析。第四章对湖北农村收入不均等状况进行描述，首先介绍研究收入不均等的方法，如洛仑兹曲线、不均等的绝对指标和"泛"绝对指标，接着介绍湖北农村家庭的收入状况，最后度量湖北农村家庭的收入不均等。第五章探究湖北农村收入不均等的影响因素，主要分为三个方面，首先测度了不同收入来源对收入不均等的影响程度，然后测度了区域因素对收入不均等的影响程度，最后用回归分解的方法探究了收入不均等的影响因素。第六章研究了农村收入不均等是如何影响贫困的，将总贫困分解为收入不足和收入不均等两部分，并分别测量了收入不足和收入不均等引起的贫困，并在此基础上探究了分项收入不均等对贫困的影响程度。第七章为本书的结论及针对研究结论提出的相关建议。

本书研究在借鉴国内外相关研究成果的基础上，利用了湖北农村 3 个年度的实地调研数据，紧紧围绕农村贫困和收入不均等问题进行分析，其可能的创新点有以下几个方面：

第一，研究视角和内容创新。前人的研究更多关注经济增长与贫困之间的关系。贫困和收入不均等研究是永恒课题，关于贫困和收入不均等的研究成果较为丰富，但是以往的研究对于贫困和收入不均等都是相对独立的，把两者联系起来研究的文献较少，也没有透彻地说明这两者之间存在的关系。本书基于此，不仅讨论了湖北省农村贫困和收入不均等问题，也进一步探究了湖北省农村家庭分项收入对贫困的影响程度。

第二，研究数据创新。以往研究贫困和收入不均等都是采用截面静态数据，但是贫困和收入不均是一个动态变化的过程，需要采用动态思维进行研究。本书采用课题组于2005年、2008年和2010年在湖北农村获得实地调研数据，并构建农村家庭面板数据，在一定程度上克服了截面静态数据的问题。从动态视角来分析更能全面、准确地把握湖北地区贫困和不均等变动的实际情况，也能清楚地探究出影响湖北农村家庭贫困和收入不均等因素的变动情况。

第三，分析方法创新。本书中运用对比分析的方法较多，以往研究贫困都是从总收入上考虑，本书不仅探究了总收入上的贫困，也探究了农村家庭的消费、食物和多维贫困。在贫困线的运用上，选取了三条贫困线进行对比分析。在测度不均等方面，从不同来源收入、不同从业类型、不同地形农村家庭和不同地区农村家庭方面进行测度。对于不均等的影响因素分析，运用了回归分解方法，考查了解释变量、常数项和残差项分别对不均等的影响程度，以及分项收入对贫困率、贫困深度、贫困强度的影响程度。

当然，本书的研究也存在一些局限，主要表现为以下几个方面：

第一，缺乏对要素不均等的关注。本书研究重心在于分析收入不均等对农村贫困的影响。采用贫困水平分解法按照分项收入不均等对于农村贫困的影响程度进行测度，以期从不同来源的收入不均等视角考察农村贫困问题。实际上，收入不均等也可以按照要素不均等进行分解，要素不均等对农村贫困的影响分析可以得出更多丰富的政策建议，然而，本书由于篇幅限制没有分析要素不均等对农村贫困的影响。

第二，多维贫困测量具有主观性。本书对湖北省农村多维贫困现状进行了度量，测算过程存在一定的主观性，主要体现在以下几个方面：一是指标的选取具有主观性，本书的指标选取虽然参照了联合国人文发展指数，但根据湖北省农村的实际情况进行了调整，指标的选取具有一定的主观性；二是指标权重的选取，多维贫困测量方法有多种权重划分方式，本书采用了等维度权重的划分方式，存在一定的主观性；三是指标的赋值，本书根据湖北省农村的实际情况进行了赋值，部分指标所设定的临界值具有一定的主观性。

目 录

导 论 ·· 1
  第一节 问题的提出 ·· 1
  第二节 研究目标和内容 ······································ 4
    一、研究目标 ·· 4
    二、研究思路 ·· 5
    三、研究内容 ·· 6
  第三节 研究方法和数据 ······································ 7
    一、研究方法 ·· 7
    二、研究数据 ·· 8
  第四节 研究创新点与研究局限 ···························· 9
    一、可能的创新点 ·· 9
    二、研究局限 ·· 10

第一章 理论基础与文献综述 ································ 12
  第一节 关键概念界定 ·· 12
    一、收入不均等 ··· 12
    二、贫困 ·· 13

三、多维贫困 …………………………………………… 14
四、贫困线 ……………………………………………… 15

第二节 理论基础 ………………………………………… 17
一、贫困与反贫困理论 ………………………………… 17
二、收入分配理论 ……………………………………… 20
三、可持续生计理论 …………………………………… 22
四、涓滴理论 …………………………………………… 25

第三节 文献综述 ………………………………………… 28
一、不均等趋势与成因研究 …………………………… 28
二、贫困动态性与影响因素研究 ……………………… 32
三、经济增长、不均等与贫困关系研究 ……………… 35

第四节 本章小结 ………………………………………… 39

第二章 收入不均等与贫困关系的理论分析 …………… 41

第一节 收入不均等与经济增长的关系分析 ………………… 41
一、收入不均等对经济增长的积极影响 ……………… 41
二、收入不均等对经济增长的消极影响 ……………… 44
三、库兹涅茨"倒U型"假说的思考 ………………… 46

第二节 经济增长与贫困的关系分析 ……………………… 47
一、贫困的交易权利假说 ……………………………… 47
二、经济增长下减贫过程非均衡性的理论解释 ……… 49

第三节 收入不均等与贫困的关系分析 …………………… 52
一、"涓滴效应"视角下收入不均等与贫困的关系 … 52
二、"有利于穷人的增长"视角下收入不均等与贫困

的关系 …………………………………………………… 54

第三章 湖北农村贫困状况及其影响因素研究………… 58

第一节 湖北农村贫困状况 …………………………………… 58
一、贫困的测量方法 ……………………………………… 58
二、农村家庭收入和消费变动情况 ……………………… 60
三、农村家庭的收入贫困情况 …………………………… 64
四、农村家庭的消费贫困情况 …………………………… 65
五、农村家庭的食物贫困 ………………………………… 66

第二节 湖北农村多维度贫困度量 …………………………… 68
一、多维贫困度量的方法 ………………………………… 68
二、湖北农村多维贫困的度量 …………………………… 70
三、不同指标和维度对多维贫困指数的影响程度 ……… 73

第三节 湖北农村贫困的影响因素分析 ……………………… 77
一、模型构建 ……………………………………………… 77
二、变量选择与描述 ……………………………………… 78
三、实证结果与分析 ……………………………………… 85

第四节 本章小结 ……………………………………………… 94

第四章 湖北农村收入不均等状况……………………… 98

第一节 收入不均等度量方法 ………………………………… 98
一、洛仑兹曲线 …………………………………………… 98
二、不均等测度指标的基本原则 ………………………… 99
三、不均等的绝对指标与"泛"绝对指标 ……………… 100

第二节　湖北农村收入状况 …………………………… 103
　一、数据来源的基本情况 …………………………… 103
　二、湖北农村家庭的基本情况 ……………………… 105
　三、湖北农村家庭收入的基本情况 ………………… 109

第三节　湖北农村收入不均等度量 …………………… 123
　一、2005年各收入类型的不均等度量 ……………… 124
　二、2008年各收入类型的不均等度量 ……………… 125
　三、2010年各收入类型的不均等度量 ……………… 126

第四节　本章小结 ……………………………………… 128

第五章　湖北农村收入不均等的影响因素分析………… 130

第一节　不同收入来源对收入不均等的影响程度 …… 130
　一、基于基尼系数的收入不均等的测量及分解方法 … 130
　二、不同来源收入对总收入不均等的影响程度测算 … 132
　三、不同经营来源收入对总收入不均等的影响程度测算 135

第二节　区域因素对收入不均等的影响程度 ………… 136
　一、不同从业类型的泰尔指数测算及分解 ………… 136
　二、不同地形农村家庭的泰尔指数测算及分解 …… 140
　三、不同地区农村家庭的泰尔指数测算及分解 …… 141

第三节　基于回归分解的收入不均等影响因素度量 …… 144
　一、变量描述 ………………………………………… 144
　二、模型的构建 ……………………………………… 146

第四节　本章小结 ……………………………………… 151

第六章　湖北农村收入不均等对贫困的影响……………153

第一节　湖北农村收入不均等与贫困关系的描述性分析………153
一、湖北农村人均纯收入及不均等状况 ……………………153
二、湖北农村收入不均等与贫困的描述性分析 ……………156

第二节　分项收入不均等对贫困的影响程度 ………………158
一、分项收入不均等对贫困发生率的影响程度 ……………158
二、分项收入不均等对贫困深度的影响程度 ………………162
三、分项收入不均等对贫困严重性的影响程度 ……………166

第三节　本章小结 ……………………………………………170

第七章　主要结论与对策建议…………………………172

第一节　主要结论 ……………………………………………172
一、收入不均等对减贫的阻滞效应明显 ……………………172
二、湖北农村收入不均等程度加重，财产性收入极度不均等 ……………………………………………………173
三、生产性固定资产是影响湖北农村收入不均等的主要因素 ……………………………………………………173
四、湖北农村贫困发生率逐年下降，但贫困深度和严重性逐年上升 ……………………………………………174
五、家庭人力资本和地理特征是影响湖北农村贫困的主要因素 ……………………………………………………175
六、湖北农村贫困完全是由于各项收入的不均等所造成的 ……………………………………………………175

七、湖北农村家庭经营收入的不均等是影响贫困的
　　主要因素 …………………………………………… 176

八、转移性支付加重了农村家庭收入不均等程度，
　　导致了贫困率上升 ………………………………… 176

第二节　对策建议 ……………………………………………… 177

一、实施有利于穷人的分配政策，降低农村家庭收入
　　不均等程度 ………………………………………… 177

二、引导贫困农村家庭获取财产性收入，缩小财产性
　　收入不均等 ………………………………………… 177

三、加强农村家庭生产性固定资产积累，增强家庭生产
　　经营能力 …………………………………………… 178

四、完善扶贫对象识别机制，精确瞄准低收入人口 … 178

五、提升家庭人力资本，增加家庭可持续发展能力 … 179

六、因地制宜，精准设计分类扶贫措施 ……………… 180

七、重视相对贫困缓解，降低农村家庭收入不均等程度 180

八、加强贫困家庭发展能力建设，提升贫困户家庭
　　经营收入 …………………………………………… 181

九、完善转移支付制度，缩小农村收入差距 ………… 182

附　录 …………………………………………………………… 183

参考文献 ………………………………………………………… 209

后　记 …………………………………………………………… 230

导　论

第一节　问题的提出

在发展中消除贫困已经成为当代中国经济社会发展的重要目标。经过30多年政府主导的多阶段扶贫工作，我国农村减贫取得了世界公认的成就。按照原有的贫困标准计算，贫困人口从改革开放之初的2.5亿人减少到2010年底的2688万人；从2010年到2015年，根据《中国农村扶贫开发纲要（2011-2020年）》，按照新的农村贫困标准统计，农村贫困人口从大约1.28亿人减少到5575万人（国家统计局，2016）[①]。尽管如此，我国经济社会发展的总体水平还不高，制约贫困地区和贫困人口发展的深层次矛盾依然存在，反贫任重而道远。一方面，绝对贫困人口的规模依然庞大，剩余一批贫困人口致贫原因复杂而特殊。另一方面，反贫压力巨大，特别是那些经济基础薄弱、容易

---

① 国家统计局：《2015年国民经济和社会发展统计公报》，2016年2月19日，http://www.stats.gov.cn/tisj/zxfb/201602/t20160219_1323991.html。

受到自然灾害侵袭的贫困地区。2013年11月，习近平同志提出精准扶贫思想。2013年12月，中办、国办印发《关于创新机制扎实推进农村扶贫开发工作的意见》[①]，明确提出建立精准扶贫工作机制。党的十八届五中全会强调2020年全面建成小康社会新的目标。2015年10月，习近平总书记在减贫与发展高层论坛上强调，我国扶贫攻坚工作实施精准扶贫方略，吹响了扶贫攻坚集结号。

过去30多年，中国反贫困的巨大成功主要得益于持续而强劲的经济增长（万广华、张茵，2006）。在收入分配状况不变的前提下，贫困缓解与经济增长存在着一一对应的正相关关系（Dollar & Kraay，2000）。改革开放以来，我国政府推动贫困缓解的战略以开发式扶贫为主，旨在通过整体或者区域的经济增长来实现减贫目的。但是，并非所有的经济增长都能有效地惠及穷人，一个有力的证据是尽管实际GDP保持了高速增长，减贫的速度却在下降，在有些年份贫困甚至有所回升（Ravallion & Chen，2004），其原因可以归结于收入的不均等分配。事实证明，我国传统的通过经济增长缓解贫困的效果在不断减弱（王小林等，2012；Wu，2015）。因此，贫困不仅与经济增长紧密相连，而且对收入不均等是敏感的。然而，贫困和收入不均等在研究上和实践工作中常常是隔离的概念。

近20年来，随着新兴发展中国家经济的快速增长，贫困与收入不均等的关系越来越多地受到研究者的关注。不均等决定了贫困对于经济增长的弹性（Hanmer & Naschold，2000）。较收入增长，不均等上升对贫困的影响更大，经济增长所带来的贫困减少往往不能遏制不平等上升导致的贫困增加（万

[①] 中共中央办公厅、国务院办公厅：《关于创新机制扎实推进农村扶贫开发工作的意见》，人民日报，2014年1月25日。

广华、张茵，2006）。我国在20世纪末到21世纪初的贫困缓解放慢根本原因是不均等的上升（Yao, et al., 2004）。我国的收入差距自20世纪80年代中期起就不断上升，这意味着经济增长的减贫效应在不断下降（万广华，2006）。另一方面，受全球经济危机、人民币汇率和劳动力成本上升以及国内发展战略调整的影响，我国年均10%的高速增长时代可能一去不复返。这样一来，我国当今和未来贫困缓解就得更多地从收入差距方面着手。遗憾的是，至今为止，较少有人定量分析不均等对贫困的影响程度，以及这个影响程度的变化趋势，更不要说研究不同分项收入对贫困的影响。特别需要指出的是，我国新农保、新农合以及其他农村福利制度的建立与发展旨在缓解贫困和缩小收入不均等。事实上，近年来针对"三农"的各类养老、救济、补贴措施实施力度有加速的趋势。来衡量这些政策对收入不均等和贫困的影响，进而探究由收入不均等引发的贫困具有非常重要的现实意义。

湖北省位于中国中部地区，下辖1个副省级市，11个地级市，1个自治州，3个直管市，1个林区。2015年全省常住人口5816万，国内生产总值29550亿元，人均生产总值4.7万元，农民人均纯收入11844元。2015年湖北省贫困发生率达到14.7%，位居全国第9位，中部六省第1位；贫困人口580.77万，位居全国第7位，中部六省第3位。湖北省政府高度重视扶贫工作，省委提出了"精准扶贫、不落一人"的总体目标，分别出台了中共湖北省委、湖北省人民政府关于贯彻实施《中共中央、国务院关于打赢脱贫攻坚战的决定》的意见、《关于创新机制扎实推进全省农村扶贫开发工作的实施意见》《关于建立精准脱贫激励机制的实施意见》《湖北省贫困县党政领导班子和领导干部经济社会发展与精准扶贫实绩考核办法》《湖北省干部驻村帮扶贫困村和贫困户工作考核办法》等一系列政策文件和办法，以指导各级地方政府的扶贫工作。

湖北省通过大力推动开发式扶贫取得了巨大减贫成就，但是仍然有大量农村人口生活在国家贫困线下，需要进一步深入研究农村贫困，以新的视角分析农村贫困问题。基于此，本书从收入不均等角度，探讨湖北农村问题。一方面，深入剖析湖北省农村家庭贫困状况及其成因，分析农村家庭收入不均等及其影响因素；另一方面，厘清收入不均等对农村贫困的影响效应。这将有助于全面理解湖北省农村贫困问题，为湖北农村贫困缓解提供崭新的思路，同时湖北省农村贫困问题的研究可以为中部地区其他省份贫困缓解提供借鉴。此外，从收入不均等视角分析农村贫困问题将进一步丰富和发展贫困研究理论，具有一定的学术价值。

第二节 研究目标和内容

一、研究目标

本书以湖北农村家庭作为研究对象，利用课题组于 2005 年、2008 年和 2010 年在湖北农村实地调研获取的农村家庭数据，采用文献研究、定性与定量结合的研究方法，围绕收入不均等和贫困这一主题进行分析，描述了调查年份湖北农村家庭的收入构成和消费结构，运用国定贫困线、1 美元贫困线和 2 美元贫困线测度了收入、消费和食物 3 个方面的贫困发生率、贫困深度和贫困强度。同时也从 6 个维度测度了 3 个调查年份湖北农村家庭的多维贫困状况。

用基尼系数和泰尔指数从不同来源收入、不同家庭类型收入、不同地形农村家庭收入和不同地区农村家庭收入4个方面,揭示了3年间湖北农村家庭的收入不均等及其影响因素,并从理论和实证两个方面深入分析收入不均等对农村家庭贫困的影响效应。本书具体的研究目标:

(1)利用湖北农村实地调研的数据,从多个维度测量湖北农村家庭贫困状况,从微观层面揭示农村家庭贫困的影响因素。

(2)度量湖北农村家庭收入不均等状况,深入分析农村家庭收入不均等的影响因素。

(3)从理论上厘清经济增长、收入不均等与农村贫困之间的内在联系,并采用贫困水平分解法度量分项收入不均等对农村贫困的影响程度。

(4)在以上研究的基础上,提出缓解湖北农村贫困的对策建议。

二、研究思路

本研究的研究过程可以分为以下几个阶段:

第一阶段,提出研究问题,对研究目标进一步明确。通过文献分析和专家咨询,确定本研究的总目标,并细化出可执行的具体目标。

第二阶段,采用文献研究、归纳总结和演绎推理等方法,对收入不均等、贫困、多维贫困和贫困线等相关概念进行界定;阐述本书涉及的理论基础,如贫困与反贫困理论、收入分配理论、可持续生计理论和涓滴理论,并梳理经济增长、收入不均等与贫困关系的文献。

第三阶段,理论研究。基于经济增长理论、收入不均等理论和贫困理论,厘清经济增长、收入不均等、贫困之间的内在关联,为实证研究提供理论依据。

第四阶段，实证分析。分别测度湖北农村家庭的贫困和不均等状况，再进一步分析影响湖北农村家庭贫困和不均等的因素，深入探讨收入不均等对农村贫困的影响程度。

第五阶段，形成本书的主要研究结论，并提出相应的对策建议。

三、研究内容

根据以上研究目标，本书的研究内容包括以下几个部分：

第一部分提出研究问题，指出本书研究的意义；明确本书的研究目的和研究内容，提出本书的研究思路和框架，并对本书所采用的研究方法和数据进行说明，最后指出本书中可能存在的创新点和不足。

第二部分对收入不均等、贫困、多维贫困和贫困线等相关概念进行界定，阐述本书涉及的理论基础，如贫困与反贫困理论、收入分配理论、可持续生计理论和涓滴理论，并梳理经济增长、收入不均等与贫困关系的文献。

第三部分从理论上分析收入不均等与贫困的内在关系，主要分为3个方面，即不均等与经济增长的关系、贫困与经济增长的关系、贫困与不均等的关系。

第四部分分析湖北农村的贫困状况，首先介绍度量贫困的基本方法，如FGT指数、森指数、阿特金森系数和组分分解法，接着对湖北农村家庭从收入、消费和食物3个维度的贫困进行测度，最后分6个维度对湖北农村家庭的多维贫困情况进行度量。并研究了湖北农村贫困的影响因素，主要从4个方面来分析，即多维贫困影响因素分析、收入贫困影响因素分析、消费贫困影响因素分析和食物贫困影响因素分析。

第五部分对湖北农村收入不均等状况进行描述，首先介绍研究收入不均等的方法，如洛仑兹曲线、不均等的绝对指标和"泛"绝对指标，接着介绍湖北农村家庭的收入状况，最后度量湖北农村家庭的收入不均等。

第六部分探究湖北农村收入不均等的影响因素，主要分为3个方面，即测度不同收入来源对收入不均等的影响程度，测度了区域因素对收入不均等的影响程度，用回归分解的方法探究收入不均等的影响因素。

第七部分研究湖北农村收入不均等对贫困的影响，揭示农村收入不均等是如何作用于贫困的，主要探究分项收入不均等对贫困的影响程度。

第八部分为本书的结论及针对研究结论提出的相关建议。

第三节 研究方法和数据

一、研究方法

（一）文献研究法

任何研究的开展都需要对以往的文献进行归纳和总结，本研究对收入不均等、贫困、多维贫困和贫困线等相关概念进行界定；阐述本书涉及的理论基础，如贫困与反贫困理论、收入分配理论、可持续生计理论和涓滴理论，并在梳理这些理论的基础上，从理论上阐述经济增长、收入不均等与贫困之间的内在联系。

（二）比较研究方法

比较研究方法在社会科学中的运用较为广泛，本书中大量使用了比较研究方法，本书选取了2005年、2008年和2010年湖北农村家庭的数据来对比农村家庭在不均等和贫困上面的变动情况，对收入不均等和贫困采用了多种指标进行测度，对贫困测度进行收入、消费和食物3个维度的对比，对不均等从不同来源收入、不同从业类型、不同地形农村家庭和不同地区农村家庭方面进行测度。

（三）定性研究和定量研究

定性分析和定量分析方法是常用的两种研究方法。定性分析通常是对数据资料进行描述分析，本书中对中国的贫困状况和湖北的贫困状况都采用描述性的分析方法。定量分析通常是基于数据的统计分析和计量模型分析，本书中关于不同类型贫困和不均等收入的测度用到统计学的方法，对贫困和收入不均等影响因素的分析采用计量经济学分析方法。

（四）实地调查研究法

本书的结论主要来自对实地调查数据的分析总结，因此，实地调查研究是本研究的基础方法之一。通过实地调查，本研究收集了湖北省15个市/州（涉及湖北省除鄂州市和神农架林区外所有市/州）、33个县的农村家庭调查数据。农村家庭调查采用了结构式调查问卷和半结构式访谈形式。除此之外，在现场调查的过程中，收集了当地省、县的关于农业生产方面的二手统计数据。

二、研究数据

分析数据来源于洛克菲勒基金资助项目"Improving the Food Security of

Upland Communities in Southern Yunnan（提高中国南部山区农村家庭的粮食保障）"（项目编号 2005SE003）和国家自然科学基金项目"山区农村家庭生计转型及其影响因素研究"收集的农村家庭调查数据、农村访谈、典型农村家庭访谈和二手统计数据。课题组于 2005 年、2008 年和 2010 年在湖北农村进行实地调研，获取了农村家庭数据，该农村家庭调查数据涉及湖北省除鄂州市和神农架林区以外的所有市/州。在 3 个调查年度，课题组依据市/州的人口数量在每个市/州选取具有 1～4 个具有代表性的县，从抽取的县中随机选取 5 个村，在每个村随机调查农村家庭 10 户左右，每个年度调查 33 个县、165 个村、1650 左右个农村家庭，通过比对，获得 3 个年度连续调查农村家庭 1318 户。调查内容主要包括以下几个方面：村级层面的基本概况、农村家庭人口信息、家庭自然资源拥有情况、家庭生产性固定资产、家庭物质资产情况、家庭农业生产情况、家庭农业生产投资情况、家庭粮食消费情况、家庭总收入、家庭总支出、家庭日常生活消费、家庭教育支出、家庭保险支出、家庭税费支出等。

第四节 研究创新点与研究局限

一、可能的创新点

本书可能的创新点主要体现在以下三个方面：

（一）研究视角和内容创新

前人的研究更多关注经济增长与贫困之间的关系。贫困和收入不均等研究是永恒课题，关于贫困和收入不均等的研究成果较为丰富，但是，以往的研究对于贫困和收入不均等都是相对独立的，把两者联系起来研究的文献较少，也没有透彻地说明这两者之间存在的关系。本书基于此，不仅讨论了湖北省农村贫困和收入不均等问题，也进一步探究了湖北省农村家庭分项收入对贫困的影响程度。

（二）研究数据创新

以往研究贫困和收入不均等都是采用截面静态数据，但是贫困和收入不均等是一个动态变化的过程，需要采用动态思维进行研究。本书采用课题组于2005年、2008年和2010年在湖北农村获得的实地调研数据，并构建农村家庭面板数据，在一定程度上克服了截面静态数据的问题。从动态视角来分析能更全面、准确地把握住湖北地区贫困和不均等变动的实际情况，也能清楚地探究影响湖北农村家庭贫困和收入不均等因素的变动情况。

（三）分析方法创新

本书中运用对比分析的方法较多，以往研究贫困都是从总收入上考虑，本书不仅探究了总收入上的贫困，也探究了农村家庭的消费、食物和多维贫困。在贫困线的运用上，选取了3条贫困线进行对比分析。在测度不均等方面，从不同来源收入、不同从业类型、不同地形农村家庭和不同地区农村家庭方面进行测度。对于不均等的影响因素分析，运用了回归分解方法考查了解释变量、常数项和残差项分别对不均等的影响程度，以及分项收入对贫困率、贫困深度、贫困强度的影响程度。

二、研究局限

本书的研究也存在一些局限,主要表现为以下两个方面:

(一)缺乏对要素不均等的关注

本书研究重心在于分析收入不均等对农村贫困的影响。采用贫困水平分解法按照分项收入不均等对于农村贫困的影响程度进行测度,以期从不同来源的收入不均等视角考察农村贫困问题。实际上,收入不均等也可以按照要素不均等进行分解,要素不均等对农村贫困的影响分析可以得出更多丰富的政策建议,然而,本书由于篇幅限制没有分析要素不均等对农村贫困的影响。

(二)多维贫困指标选取具有主观性

本书对湖北省农村多维贫困现状进行了度量,测算过程存在一定的主观性,主要体现在以下几个方面:一是指标的选取具有主观性,本书的指标选取虽然参照了联合国人文发展指数,但根据湖北省农村的实际情况进行了调整,指标的选取具有一定的主观性;二是指标权重的选取,多维贫困测量方法有多种权重划分方式,本书采用了等维度权重的划分方式,存在一定的主观性;三是指标的赋值,本书根据湖北省农村的实际情况进行了赋值,部分指标所设定的临界值具有一定的主观性。

第一章
理论基础与文献综述

第一节　关键概念界定

一、收入不均等

收入不均等，顾名思义就是指收入在分配结果上呈现出不平均的现象。收入不均等的作用范围较广，既可能存在于不同的劳动者之间，也可能存在于不同的行业之间，或者存在于不同的地区之间。而收入不均等产生的原因也复杂多样，既可能来自于生产要素的差异，也可能来自于国家分配政策的差异。导致收入不均等的作用形式多样化，例如，劳动者报酬不均等、财产性收入不均等和政府转移性收入不均等。收入不均等的结果差异又可以分为两种情况，即收入的绝对差距和收入的相对差距。收入的绝对差距是指各个劳动者的货币收入在数量上的不同，收入的绝对差距不能很好地衡量各个劳动者之间差距的程度。而收入的相对差距是表示各个劳动者货币数量占比的不同，收入的相对差距可以用来衡量各个劳动者之间差距的程度，在计算收入不均等方面有重要的作用。收入的不均等有两个方面的特点：第一，收入不均等是劳动者所取得分配成果的差异，通常而言，这种差异主要体现在工资收益上。第二，收入不均等受到了社会经济体制转变的影响，在计划经济时代，国家的经济调控由政府控制，物资流通、价格制定和市场供需都不是市场自发完成，所以生产要素并不会产生收入差异。同时，计划经济时代人们的贫富差距极小，财产性收入带来的收入不均等基本可以忽略不计。然而在市场经济体制下，生产要素在市场中自由配置，市场的供需关系会促使价格机制发生作用，进一步带动生产要素收益回报的差异，收入不均等问题就应运而生。目前对于收入不均等的测量主要采用人均可支配收入和人均纯收入这两个指标，同时也会用到基尼系数和泰尔指数等。

二、贫困

贫困一直是社会所关注的问题，贫困不仅关乎社会稳定，也影响国家经济发展。随着人们对贫困问题研究的不断深入，对贫困的认识和定义也在不断变动。罗恩特里[①]（1901）从生物学的角度定义了贫困家庭，认为当家庭全部收入不能够购买最低数量的生活必需品时，这个家庭就成了贫困家庭。罗恩特里对于贫困的理解更倾向于在测度家庭的绝对贫困。Fox（1975）认为只采用绝对贫困的定义不能够完全阐释贫困的概念，贫困不仅包括绝对意义

---

① Rowntree. Seebohm, Poverty: *A Study of Town Life*, B.S. London: Thomas Nelson and Sons, 1901.

的层面,也应该包括相对意义的层面,相对贫困则侧重于物质以外的方面,例如"主观感受"和"社会认可"等。20世纪80年代阿玛蒂亚·森从能力获得的角度提出了能力贫困的概念,贫困往往是收入比较低的群体,贫困者因为低收入而没有更多的时间和资源获得能力提升,低水平的能力限制了收入的提高,使得贫困者陷入了"低收入—低水平能力—低收入"的恶性循环。他指出只有提高贫困者的能力才能解开这个恶性闭环,而提高贫困者能力的手段和方法就是学习和培训。其后,Keyndds(1993)进一步从相对贫困的角度探究了贫困的概念,认为贫困不仅包括在物质方面的匮乏,也包括贫困者社会地位的匮乏,社会地位涵盖贫困者在精神、工作、文化等方面。胡鞍钢和李春波(2001)对贫困的定义做了进一步的延伸,认为贫困应该包括3个维度的内容,即收入贫困、知识贫困和人类贫困。收入贫困的含义和绝对贫困的定义差不多,主要指收入不足以购买相应的食物量来维持机体的正常活动;人类贫困是指在社会生存方面的能力欠缺,如人类日常生活当中的交流障碍、人体健康指数的不达标和各类疾病对人体的侵袭等;知识贫困是指因为自身条件限制,在知识的学习、运用和沟通方面能力的缺乏。本书中的贫困既包括了绝对意义上的贫困,也包括了相对意义的贫困。

三、多维贫困

人们在理解贫困时更多的是从收入的角度来看待贫困问题,这种视角的维度比较单一。经济社会的发展带动人们生活水平的提高,贫困所包含的内容也在发生变化,仅仅用满足个体机能正常活动的标准来衡量贫困已经不能适应,贫困的衡量标准开始从单一维度向多面维度的方向发展。阿玛蒂亚·森最先提出了多维贫困的概念,他认为理解贫困必须要引入人的自由权利和社会福利权利,生活在社会中的人所需要的自由权利包括有能力参与经济活动,具备相应的政治权利,同时也要有文化交流的能力;社会福利的权利包括可观收入的工作、相应的医疗保险和养老保险、比较完善的公共基础设施。可以看出,多维贫困和以往的单维贫困明显不同,以往单维贫困只用收入作为贫困衡量的标准,这种衡量标准是片面单一的。个人收入的多少确实能衡量获取满足生活必需品的数量,但是如今的贫困不只是体现在物质方面的贫困,更多是来自社会、心理和未来发展资源匮乏所引起的贫困,相比前者,后者对贫困者造成的影响可能更加深远。按照以往的观点,当贫困者的收入水平达到或者超过预先设定的贫困线,那么就代表着贫困者已经脱离了贫困的范畴,但当我们引入多维贫困的概念时,尽管贫困者的收入水平已经达到了脱贫的要求,如果贫困者在社会公共福利资源获取上面需要花费额外的成本,那么此时的贫困者相比不需要额外付费就能享受公共福利资源的人的生活成本就提高了,贫困者实际上又进入贫困的行列。所以阿玛蒂亚·森认为贫困是具有多维性的,为了更全面系统地概括贫困,在用收入作为衡量标准的同时,也要引入收入以外的一些标准来丰富贫困的概念,例如教育公平、政治权利和自由获取等。本书也是基于此,全面系统地引入了多维贫困的概念,多维贫困包括收入贫困、能力贫困和权利贫困。

四、贫困线

贫困具有一定的社会分层性质,贫困人口和贫困家庭是社会中比较特殊的群体,区分贫困群体和非贫困群体的测量标准就是我们通常所说的贫困线。

吴国宝（2005）认为贫困线应该具有4个方面的作用：① 贫困线应具有测算作用，能够利用贫困线这个标准分辨贫困人口，计算出不同地区不同群体的贫困发生率，从而让决策者知道贫困的基本情况，以便于政策的制定和计划的实施；② 贫困线应该具有评判作用，当政府实施贫困的帮扶政策后，利用贫困线再次测量帮扶后的贫困情况，以便能评判政策的执行效果和作用；③ 贫困线应具有分析作用，探析贫困形成的原因和贫困的分类对政府制定扶贫措施至关重要；④ 贫困线应具有对比作用，贫困群体不是固定不变的，利用贫困线比较不同时期的贫困状况可以为政府很好地把握贫困的变动趋势。贫困线的制定情况直接关系贫困人口的切身利益，是有效准确区别出贫困人口的基础，所以贫困线的制定需要注意以下三个方面的问题：首先，贫困线应该建立科学的评价指标来真正地区别出贫困者；其次，由于各地区的基础条件不同，拥有的资源禀赋各异，每个区域和群体致贫原因具有差异，所以贫困线不应"一刀切"，需要根据各地的情况因地制宜，同时贫困线也应随着经济社会的发展而变动；再次，贫困线的制定虽然需要科学性和准确性，但是也需要注意贫困线的可测性，贫困线只有真正运用到实际中，才能为解决贫困问题提供帮助。贫困线可以根据需要从不同的角度来设计，大致可以归为3类，即绝对贫困线、相对贫困线和多维贫困线。而贫困的测算方法基本上也可以归为3种，即福利函数法、福利指标化法和多指标归一法。本书中将采用多种贫困线来衡量贫困的基本情况，通过对比不同标准的贫困线得出更加全面准确的结论。

第二节　理论基础

一、贫困与反贫困理论

贫困和反贫困理论可以从多个角度来加以阐述，目前大多数学者基于福利经济学、收入分配论和发展经济学的视角来加以研究。贫困是一种状态，这种状态的产生是基于社会、经济和政策等多方面因素，导致部分群体不具备最低标准的生活条件。反贫困，顾名思义是指对贫困问题的缓解和消除的过程，反贫困是一种动态持续的过程，贫困问题没有绝对意义上的消除，只能说通过一些措施来达到消除绝对性贫困，但相对贫困问题是解决不了的。以下是对贫困和反贫困理论具体的阐述：

（一）福利经济学中的贫困和反贫困理论

福利经济学是由庇古提出的，研究的主要问题就是如何使人们在社会活动中享受最大的福利，也是经济学中一门重要的分支。因为其研究的主要目的是为了通过一些经济社会政策的实施来提高社会整体福利水平，存在一定程度上的价值判断，因此福利经济学是规范经济中的一种范式。在福利经济学里面有关贫困和反贫困的理论主要包括以下3种：收入均等化理论、福利补偿理论和能力与权利理论。庇古认为收入存在边际效应递减的规律，即在其他条件不变的情况下，随着收入的增加，其所带来的边际效用是减小的。这意味着贫困者增加一单位收入比富人增加同样一单位收入所带来的收入效应会更大，即增加相同的收入对贫困者和富人的福利效应是不同的。所以庇古就提出当社会劳动者收入水平差异越小时，则社会的整体福利水平就越大。

由于公民的收入由一次分配和二次分配构成，一次分配中造成的收入差距需要通过二次分配来进行调整，进而提出了在二次分配中用累进税的方法来抑平收入差异。福利补偿理论强调应尊重个体的权利，反对通过行政手段将财富从富人转向穷人，需要根据帕累托最优的原则来达到社会福利最大化。Amartya Sen（1999）提出一个人可行能力和权利被剥夺也是造成其贫困的原因①。

（二）发展经济学中的贫困和反贫困理论

发展经济学是一门综合性较强的学科，它的研究对象主要是以农业生产为主的落后国家，这类国家通常也是发展中国家，这门学科的主要目的是寻找这些国家在发展上存在的问题，从而帮助这些国家实现工业化和摆脱贫困。由此可见，发展经济学的研究内容包括了贫困和反贫困问题。贫困恶性循环理论和平衡理论是发展经济学中涉及贫困和反贫困的重要理论，Nurkse（1953）提出发展中国家的贫困问题的根本原因并不是由资源限制引起的，更多的是被社会经济体系不完善所导致的"恶性循环系统"造成的。一个国家贫困将会导致民众手中的剩余资本有限，进而影响国家的储蓄率，社会的投资也将会下降。当居民收入较低时，整个社会的需求也会下降，低需求不利于产出，也就不能促进扩大再生产和就业，进而人们的收入陷入了低水平陷阱。所以，纳克斯认为要想打破这种情况，需要采用大推进式的"平衡战略"，即通过提高储蓄率积累投资资本，从而扩大生产，进而带动就业和促进消费。

---

① A. Sen, *Development as Freedom*, Oxford: Oxford University Press, 1999.

Nelson（1956）提出了低水平均衡陷阱理论，主要意思是个体仅仅拥有只够支付维持生理机能正常运行食物量的收入，而且贫困者很难摆脱这种低收入水平的陷阱。这种现象表现为人口的增长速度超过了经济的增长速度，那么人均收入就会低于临界值；当经济的增长速度大于人口的增长速度时，人均收入就会适当地增加，直到人口的增长速度又重新追赶上经济的增长速度时，那么人均收入又会重新维持在一定的水平上保持不变。造成这种现象的主要原因是资本形成不足导致经济的增长速度不足以超过人口的增长速度，所以打破这个陷阱的途径就是大力促进资本形成，从而达到经济增长快于人口增长的目的。Harvey（1957）也提出了经济发展有一个临界最小值，只有突破了临界最小值才能实现经济的长期平稳增长。

（三）收入分配理论中的贫困和反贫困理论

凯恩斯提出了收入分配不公是导致社会总有效需求不足的一个主要原因，同时也是社会不公的一种直接体现。为有效解决分配不公的问题，凯恩斯提出了3种解决方法：首先，在税收方面进行调整，对穷人征收相对较少的税，而对富人征收相对较多的税，利用税制来调整公民的收入。其次，降低存款利息，利息过高会让资产较多者的财产性收入更多，同时也不利于社会投资。最后，可以利用行政手段来提高最低工资标准，同时也加强劳动保障制度。Rawls（1971）在《正义论》中从社会公平正义的角度提出了分配正义论，他认为政策的制定更应该关注下层人民的福利，改变不平等的分配模式来增加社会每个人的收益。Robert Nozick（1975）与 Rawls 的观点不一，他认为个人收入通过合法所得就应该受到法律的保护，而不应该干涉其收入分配，以保证每个人都能有机会平等谋取自身发展。

二、收入分配理论

收入分配方面的研究一直是西方经济学的重点内容之一，收入分配状况直接影响着经济的发展情况，对收入分配的研究分为两个阶段，第一阶段研究以经济增长和收入分配的关系为主，第二阶段研究以收入分配不平等为主。在发展过程中产生了大量的流派，主要有以下几个方面：

（一）古典主义的收入分配理论

在古典经济学的大厦中，收入分配理论占据着举足轻重的地位，Smith（1776）在《国富论》中就提出分工协作能促进社会生产和产品交换，交换的中间商品一般为货币，进而演化出收入分配问题。社会分层导致了各个社会阶层的形成，每个阶层都有其对应的收入来源，工人的收入来源为劳动工资，资本家的收入来源为资本利得，地主的收入来源为土地租金所得。各个阶层的劳动者因为工作性质的区别，使得工作有高低贵贱之分，同时也就产生了收入分配的差距（何正斌，2009）。Jean Baptiste Say（1803）放弃了劳动价值理论，完全承接了Smith的收入分配理论，进而提出了三位一体理论，其影响一直到供给学派的诞生。Ricardo更倾向于研究各类收入的影响因素及相互关系，且他的分配理论是从功能性的角度来探讨收入的构成，其理论的意义在于辨别了名义工资和实际工资在工资理论中的区别，同时也指出了实际工资并不会因为社会财富的增加而上涨。在利润理论中，李嘉图表明劳动者的工资收入不会增加或减少商品的实际价值，而只会影响利润的分配。Sismondi

（1819）认为收入的两级分化会导致有效需求不足，进而引起市场失衡，影响经济正常运行。

（二）新古典主义的收入分配理论

新古典经济学的产生源于边际效应的应用，并促成了以均衡理论为前提的微观经济学框架，同时也建立了新古典主义的分配理论。克拉克（1899）在收入分配的研究中引入了边际生产力效应，他认为每个生产要素的收益取决于各自要素的边际生产力，并进一步提出了工资、利息和利润三方面的分配利润。克拉克假定当劳动者数量、资本总量、生产模式和消费者偏好不变的情况下，由工资和利息所得收益决定于劳动和资本的边际。企业家通过资本所有权获得利息，通过经营企业获得工资。在排除资本和劳动收益外，企业家通过创新和改进生产技术提升社会生产力所获得的社会经济增长就是利润。克拉克的收入分配理论是侧重于衡量收入分配的公平性，但对收入归所对象的研究还不够深入。马歇尔（1890）的《经济学原理》的面世标志着新古典经济学的形成，马歇尔创立了局部均衡价格理论，并以此为基础研究了收入分配问题，他认为工资取决于劳动者的需求量和供求量相等时的价格，利息也取决于劳动者的需求量和供求量相等时的价格。劳动的边际生产力和资本的边际生产力决定了劳动和利息的需求价格，劳动的供给价格由培养劳动者的成本决定，利息的供给价格由资本家的机会成本决定。土地的自然属性导致土地没有供给价格，其需求价格只由土地市场的需求决定。

（三）凯恩斯的收入分配理论

在 20 世纪 30 年代的世界经济大危机下，传统的经济学原理和方法都不能解决其社会矛盾，人们开始对其提出质疑。凯恩斯（1936）的巨作《就业、利息和货币通论》给人们解决经济危机带来了一种新的理论方法。凯恩斯主义认为影响经济增长的主要因素是社会收入分配，市场经济中的静态均衡并不会长期存在，更多存在的是市场需求不足的情况。凯恩斯把有效需求分为两个方面，即具有边际消费递减效应特征的消费需求和具有边际效率递减特征的投资需求，因为两方面都具有边际效应递减特征，所以市场的有效需求时常会出现不足。凯恩斯的利息理论认为利息不是取决于社会的储蓄和投资，而是由货币的供需关系所决定。工资取决于劳动者的需求量和供给量，并区别定义了货币工资和实际工资。凯恩斯认为通过提高富有阶层的税率和降低利息是解决分配不均问题的关键，进而解决社会有效需求不足的问题。萨缪尔森（1948）的《经济学》代表着新古典综合派，即后凯恩斯主义经济学派。他们对凯恩斯所提及的收入分配不均等问题进行了展开，提出在收入分配中工资和利润是呈现负相关的关系。认为收入分配不均不是短期造成的，更是长期的社会制度所形成的，只有通过政策手段实行平均化的措施才能有效解决收入分配不均。

三、可持续生计理论

（一）可持续生计理论由来

可持续生计理论是探讨和解决贫困问题的一种新方法（DFID，2001），最早提出这种概念是在20世纪80年代，随后被研究贫困问题的学者广泛采用。20世纪90年代，在哥本哈根社会发展世界峰会中再次阐述了可持续生计解决贫困的重要作用。关于生计的概念有很多解释，Chambers 和 Conway（1992）认为生计就是人们谋取生活资料所采取的行为方式，它与个人的能力和资产相关。Scoones（1998）认为生计是一个组合概念，由个人能力、资本和行为共同相互影响作用的结果。Ellis（2000）对生计的理解是个人所用的资本（物质资本、社会资本、人力资本等）和所选择的行动决定了其生活物品的获得。从生计概念上升到可持续生计的定义，Carney（1998）在对贫困影响环境的问题中得出，可持续生计是指人们因为拥有某些资源而具有优先获取生计的能力。农村家庭为了获取长期家庭生活的良好发展所需要的生活资本、生存能力以及相应收入的行动。某种生计应该能够抵御平常的风险冲击，在发生社会或者自然条件变化时，自身的生活状况仍可维持，这就是可持续性生计（Chambers；Conway，1998）。在遇到某种变动时，个人或者家庭能够依靠自身的资本和能力使得生活状况得以恢复，这就是可持续生计（Farrington；Aahley，1999）。

（二）可持续生计理论模型的建立

为了使可持续性生计理念能够更好地落实到解决实际问题中来，很多学者制订了不同类型的生计框架，这些框架都能很好地阐述和解释农村家庭的生产和生活。Ellis（2000）根据生计可持续框架建立了生计多样化框架，Bebbington（1999）关注于生计里面的资产和生存能力，从而以此为基础建立了生计保障框架，主要内容涵盖农村家庭风险脆弱性、农村家庭生计选择和脱贫措施等。最具有代表性的就是由英国发展学院（IDS）所创立的 DFID 可持续性生计框架（如图 1-1 所示）。DFID 可持续生计框架能够充分展示各个因素之间的相互关系和影响，从图中可以看出制度和社会所形成的风险冲击影响家庭的资本，进而影响农村家庭根据资本状况采取何种生计策略，不同的生计策略导致不同的生计结果，最后生计结果又会反作用于资本，对资本的状况产生相应的影响。可持续性生计并不一定严格按照图中所示的路径从风险冲击 A 开始到生计结果 E 出现来演变，可以说一个冲击的作用，其反应过程不是单向和短暂的，而是会产生互动和长期效应的。此图主要体现了政策变动和风险冲击的关系以及生计资本和生计结果的关系，生计结果的出现必然是受到了资本的拥有情况和社会环境的影响。DFID 可持续生计框架的目的是为了增加资本总量，使得个体在遭受风险后能够有自动修复能力，这就意味着资本的总量和类型越多，其作用于社会所产生的收益更大，所造成风险的损失会更小。

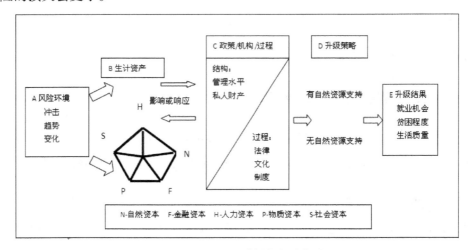

图 1-1　DFID 可持续生计框架

（三）可持续生计理论模型的应用

近年来，DFID 可持续生计框架在研究农村问题中的运用已经取得了相当多的成果，苏芳等（2009）对生计可持续的相关概念和理论方面做了探讨。一些学者运用生计可持续框架理论，研究了被征地农民生计转型、生态补偿、生态旅游发展、产业扶贫（李茜等，2007；韦惠兰等，2008；吴红宇等，2010；郭跃，2012；舒银燕等，2014；王瑾等，2014；丁士军等，2015）。这些研究的结果表明，中国的农村家庭生计选择更多的是取决于家庭资源，主要包括自然资源（土地、水塘、林区、牧地等）和人力资源（人口数量、年龄构成和性别构成等）；资本匮乏和单一生计活动是农村家庭风险致贫的重要原因；社会环境的改变是农村家庭生计转变的外在驱动因素；自身素质增强和思想提高是农村家庭生计转变的内在驱动；重注生态资本的合理利用有利于生计的可持续。想要农村家庭能够有更持续性的生计，不仅需要从农村家庭自身内部转变，更多的是需要政府的引导和相应的支持措施。

四、涓滴理论

（一）涓滴理论由来

20世纪50年代以后，贫困问题的研究对象逐渐由发达国家向发展中国家转变，一些学者在研究过程中发现经济增长有利于减少贫困，越是贫困的地区这种现象越是明显。在经济发展过程中，富人进行投资，则经济的增长最先是惠及富人，然后是惠及穷人，富人所获取的收益更大。这表明经济增长过程中穷人享受了富人漏出的收益，即便这种收益相当小，但对于贫困问题的解决还是有帮助的，这种在经济增长过程中社会各个阶层都能从中享受收益的理论就是滴漏理论（Trickle-down theory）。滴漏理论最早出现于20世纪70年代后的华盛顿共识，华盛顿共识的理论基础就是新古典经济学，在微观方面主张在经济社会中只有市场是有效的，而政府是无效的，在宏观方面同时也认为资本在各国间是自由流动的，政府的政策失误是导致国家贫穷的根源，所以不论从微观还是宏观来看，都主张资源应该由市场自由支配。Hirshman（1996）也指出经济发展在个人和地区上存在不均衡性，经济发展会拉大地区和个人之间的差距，但是随着经济发达地区的带动和辐射，落后地区也会享受到经济发展的成果，一直到地区间的差异消除为止。所以提倡政府最好不要通过直接转移来扶贫，应该发展国内经济，通过经济总量提升来帮助贫困者脱贫。

（二）对涓滴理论的验证

许多学者已经对滴漏理论进行了验证，Banerjee和Newman（1993）发现在经济总量比较高的情况下，滴漏效应就会产生，并形成比较固定的分配比例，但是此时的社会资源不是最优配置，通过更加合理的分配模式依然能够提高经济的效率。原因是合理的分配意味着社会各阶层所获得的机会更加公平，这又进一步促使滴漏效应的作用。Kuznets（1955）指出当经济发展和收入差距呈现"倒U型"曲线时，低收入者能够从GNP增加的过程中受益，也能够起到减少贫困的效果。Nugent和Yotopoulos（1996）也认为在经济增速比较快的时候，社会福利会自发地在社会各层间扩散。Aghion和Bolton（1997）基于资本市场分析了滴漏效应的存在与否，研究表明资本市场中的借贷行为会使得穷人的收益增加。Dollar和Kraay（2000）通过研究多个国家长达40年的数据得出：穷人的收入是与GDP总量呈现正相关的，与此同时，国家的绝对贫困在一定程度上减少了。Todaro（2002）通过研究也发现GDP增加的同时，穷人的收入也增加了。

（三）对涓滴理论的质疑

20世纪60年代后，很多国家实现了经济的快速飞跃，但是社会的不平等程度在逐渐扩大，贫困问题也没有得到很好地缓解，因此很多人对滴漏理论提出了质疑。来自巴西1970年的数据表明，经过40年的经济发展，不平等的程度反而在不断加重，预期的贫困消除并没有得到应证，穷人的生计依然比较脆弱。Adelman（1973）研究了多个国家的经济状况和穷人的收入之后，发现穷人在经济发展过程中收入的比重在相对值和绝对值上都有所下降，这说明滴漏机制并没有很好地发挥作用，其主要问题是先前的经济学家都没有考虑一个国家收入分配政策的地位。Nugent等（1979）通过国际数据来证明经济发展引发社会收入不均等程度的加重，也即意味着滴漏理论的失效。Bhagwati（1988）认为财富主要集中在富人阶层，富人阶层的增长速度决定了国家的增长速度，经济增长的福利永远是优先于富人的，并且穷人从经济增长中获得的收益会被收入不均等的扩大所稀释。Fields（2001）研究得出，国家经济的增长不会导致社会不平等，造成不平等的原因主要是经济的发展模式，而经济的发展模式又是由国家的政策所决定的。Santonu（2007）通过研究印度的数据也没有发现其滴漏效应的产生。

第三节 文献综述

一、不均等趋势与成因研究

（一）收入不均等变动的趋势

关于收入不均等变动趋势的研究，我国很多学者不断地在从事这方面的研究。从20世纪50年代到20世纪80年代，中国的收入水平差异不大。中国的基尼系数在1985年下降到历史新低0.2895，然后一直上升到2002年的0.4540（国家统计局，1994；Ravallion，2007），由此可见，中国的收入不均等问题在逐步深化。白菊红（2002）利用了S Gini方法，研究得出：1980年至2000年，中国农民的收入不平等程度在加强，但是绝对收入相差不多，影响收入不均等的主要是农民的工资性收入，其影响程度大约为60%。王小鲁（2005）发现中国的基尼系数已经位列全世界第85名，社会不均等问题已经达到了非常严重的状态。江金启（2006）利用基尼系数和泰尔指数对收入不均等的研究得出工资性收入的影响程度在减弱，而东、中、西地区间的收入不均等却在增强。张藕香等（2007）对不均等的影响程度作了测量，城乡间收入差距对不均等的影响为70%～80%，而只有20%～30%不均等是由城乡间内部所引起的。孙文凯（2009）发现长期遗留的经济体制问题影响了收入的合理流动，对解决收入不均等问题增加了难度。赵亮（2010）通过测算得出中国的收入不均等程度每年以2%以上的速度在增强。从不均等动态性而言，在中国经济逐渐市场化的变革中，由经济发展所带来的不均等影响高于其收益（权衡，2008；于敏，2010）。

进入 21 世纪以后，收入不均等又呈现出了新的变化趋势，蔡武（2012）利用了 SVAR 方法分析得出，非农就业会减弱城乡间的不均等。白雪梅和段志民（2013）从非农产业异质性的角度分析了非农产业和收入不均等间的关系，将非农产业分为高收益非农产业、低收益非农产业和整体非农产业，发现高收益非农产业和整体非农产业会加剧不均等现象，但是低收益非农产业会减少不均等现象。万广华（2013）利用泰尔指数探讨了中国城镇化对收入不均等的影响，发现在 2003 年之前城镇化的发展是在加剧收入不均等的程度，2003 年以后城乡差距的缩小缓解了收入不均等的状况。程诚和姚远（2014）运用分位数回归探究了社会资本在收入不均等中的作用，发现家庭资本会加剧农村地区收入不均等的程度，社会资本会减弱农村地区收入不均等的程度。刘穷志和罗秦（2015）运用隐性收入估计方法测算出全国基尼系数为 0.5 以上，城镇收入不均等程度大于农村收入不均等程度，且这种不均等程度在不断加强。龙莹和谢静文（2016）利用 CHNS 数据计算了我国城乡内部收入不均等和收入极化两个指数，发现我国农村地区的不均等和极化问题要严重于城镇，农村的收入群体呈现高低两极分化的趋势，而城镇收入群体主要集中在中等收入水平。

（二）收入不均等的影响因素

陈宗明（1991）发现二元经济结构是导致城乡收入不均等的主要原因。李若建（1994）发现二元经济结构不仅造成了城乡间的收入不均等，而且内陆城乡间的不均等程度要大于沿海城乡间的不均等。赵人伟和李实（1997）发现 20 世纪 80 年代中国经济体制改革减少了城乡间收入的不平等，主要包括价格体制改革和家庭联产承包责任制。向书坚等（1998）认为第一产业的增量对城乡收入不均等有非常重要的影响。赵满华（2000）认为集体企业发展停滞和农村非农产业落后是影响城乡收入不平等的重要因素。Jeanneney 和 Hua（2001）通过研究多个省份得出，教育在减少收入不平等上面的效力不大。蔡昉（2003）认为户籍制度也是造成城乡收入不均等的主要原因。黄祖辉（2003）发现目前中国的转移支付政策并没有缓解收入不均等现象，而是更加刺激了这种不均等。通过建立收入不均等的回归分解模型发现，影响农村家庭收入不均等的因素有地理区位因素、资本拥有量、农业生产结构和劳动力结构（万广华；周章跃等，2005）。对外开放程度对不均等也会产生影响，FDI 和进口会扩大不均等程度，而出口会缩小不均等程度（王少瑾，2007；雷欣等，2014）。通过格兰杰因果关系检验发现技术创新和国外技术溢出是不均等的格兰杰原因，但是 FDI 过程中的技术溢出不会作用于不均等（李平等，2009）。

雷欣和陈继勇（2012）利用 CHNS 数据和反事实方法得出：总收入、分散和交换收入流动会加大不均等的问题，而增长性流动会缩小不均等现象。徐舒（2012）利用 RIF 回归分解发现教育的要素回报有利于缩小不均等程度，而教育的要素结构扩大了不均等程度。不同年龄结构也会对不均等产生影响，老龄化问题加剧会扩大收入不均等现象（董志强，2012；刘华，2014）。陈纯瑾等（2013）认为增加教育公平性、加重人力资本培养和户籍改革能够有利于减少不均等问题。王增文（2015）发现家族网络关系会影响到农村收入不均等。自由市场经济会存在市场失灵的情况，进而加剧收入不均等问题（蒋林等，2015）。贫困家庭的孩子在教育投入上相对较少，子女人力资本竞争力低下会影响其收入，所以收入不均等具有代际传递的效应（谢勇，2006；杨娟等，2015）。雷欣和程可（2016）发现性别、城乡发展不平衡和地区发展水平对不均等影响很大。邹杰等（2016）发现财政支农等转移性政策有利于减少不均等，但城镇化水平提升会加剧不均等程度。

（三）文献评述

总的来说，近年来研究不均等趋势和影响不均等因素的成果较多，也很好地总结了我国居民收入不均等趋势的变化，对不均等估计的方法主要包括以下几种：基尼系数、泰尔指数、S Gini 方法、SVAR 方法和隐性收入估计方法等。不管运用哪种测算方法，得出的结论是中国基尼系数在不断上升，不均等程度在逐渐加深，不均等不仅体现在城乡收入之间，城乡各内部间也都表现出不同的收入不均等，不同非农产业间也存在收入不均等。以往文献虽然探讨了城乡之间及其各自内部的不均等，但是并没有对特殊区域进行分析，因为特殊区域的异质性也会产生不均等。特别是对少数民族和边远地区的不均等研究较少，本书就是致力于研究特殊区域的不均等情况的。

许多学者也从不同的角度探究了影响不均等的因素，主要包括宏观和微观两个层面，宏观层面包括：价格体制改革、农村家庭联产承包责任制、城乡区位差异、政策转移性支付；微观层面包括：性别、教育水平、代际传递、不同类型收入流动、家庭年龄结构、家庭资本数量。虽然很多人找出了很多影响不均等的原因，但是都是从自己的研究视角研究了可能影响不均等的主要原因，目前还没有文献研究这些因素对不均等的影响程度。在宏观层面上也缺少对国际宏观方面因素研究，例如，FDI、对外开放程度和国际金融等。

二、贫困动态性与影响因素研究

贫困是一个动态的概念，由于自身资本变动和外来风险冲击，使得贫困者不断交替在进入贫困和退出贫困这两个状态，进入和退出贫困的可能性及其影响因素是目前研究的主要方向。

（一）进入和退出贫困可能性研究

Herrera（2005）调查得出马达加斯加地区的年脱贫率在10%以上，但是每年进入贫困状态的人口大约有40%。Bigsten和Shimeles（2008）经过对已经脱贫的农村家庭再次返贫概率的研究显示，已经脱离贫困的家庭会经常再次陷入贫困，且贫困家庭所经历贫困的周期越长，则贫困家庭脱贫率就越低。已脱贫家庭退出贫困的时间越长，则已脱贫家庭再次返贫的概率就越高，这说明贫困具有依赖性。李岳云等（2009）对中国贫困问题研究中发现，退出贫困和进入贫困存在着复杂的反应机制，不同类型的贫困家庭的返贫率呈现差异化的趋势，而不同类型的非贫困家庭的贫困发生率也各有不同；贫困家庭脱贫后的家庭收入一般都达到了较高层次，非贫困家庭致贫后的家庭收入一般接近于贫困线；收入在贫困线水平的家庭在退出贫困后的返贫率会更高。王朝明等（2010）研究指出：中国城乡贫困的变动在内部上是存在显著差异的，城乡间退出贫困的依赖强度也呈现差异变化，城市的依赖程度强于农村的依赖程度；贫困家庭退出贫困后的收入会达到非贫困家庭收入一半以上，许多家庭进入贫困状态后的收入处于贫困线附近。

姚毅等（2012）认为中国的绝对贫困已经得到了很大改善，但是相对贫困的问题一直存在。Glauben（2012）发现根据世界银行的贫困标准，贫困的发生率比贫困的退出率要低。邰秀军等（2014）利用 CGSS 数据发现贫困线变动比例直接影响着贫困的深度和广度。廖君芳和霍鹏（2014）利用 CHNS 数据研究了城乡间的暂时贫困率的异质性，发现农村的暂时贫困率要高于城市的暂时贫困率，而且经济落后城市的暂时贫困率也会高于经济发达城市的暂时贫困率。杨龙和汪三贵（2015）对多维贫困问题研究发现：家庭收入越低的家庭，其贫困的多维性越高，而且当贫困线提高时，更容易导致农村中低收入家庭的多维贫困性。王晓兵和罗仁福（2016）发现当贫困线提高时，中国贫困逐渐呈现出由短暂性向长期性转变的特征，且区域间的贫困差异也会加大。

（二）进入和退出贫困的影响因素研究

Addabbo 和 Baldini（2000）对意大利 20 世纪 90 年代的经济倒退研究后得出：贫困的再次发生率为 7%，导致再次返贫的主要原因是孩子的出生、家庭成员失业和转移性收入减少。Valletta（2006）研究发现通过政府的转移性支付和税收调整可以有效地减少贫困发生率和增加贫困退出数量，德国和英国在这两方面的工作更加突出。Kristjanson 和 Radeny（2007）研究了秘鲁的贫困问题，提高牲畜的品质、增加收入的渠道和生计策略转变等都是减少贫困的有效方法。张清霞（2008）发现教育和就业影响着贫困率的高低，教育水平越低和失业程度越高，则进入贫困的概率越高。罗楚亮等（2010）对贫困的研究表明：从收入来源结构上看，工资性收入对农村家庭退出贫困有着重要作用，而工资性收入的主要来源就是外出务工；国家制定的贫困标准也是影响贫困问题的关键因素，当贫困线制定较高时，贫困人口数量较多，当贫困线制定较低时，贫困人口数量就较少；家庭劳动力的数量和质量也对贫困起到重要作用。

李兴绪等（2012）认为劳动力转移是以往贫困人口退出的关键因素，其中，家庭的劳动力外出务工人数最重要；劳动力的技能素质比较重要；劳动力的适应环境的能力相对重要。姚毅等（2012）表明经济的运行情况、家庭资本总量、家庭区位环境、家庭人口数量和结构以及家庭的社会网络关系都是影响贫困的重要因素。章元和万广华（2013）发现暂时性贫困比例的降低比非慢性贫困比例的降低对贫困减少的影响程度更大，各种资本对减少慢性贫困有显著影响。洪秋妹（2014）运用CHNS数据研究了农村家庭健康情况对贫困的影响，发现家庭成员健康遭受破坏的程度越大，则越有可能会导致贫困的发生。陈鸣等（2015）利用DEA模型研究了农业科技投入在减少贫困方面的影响，发现农业科技投入在降低贫困方面起到了重要作用，但是政府的转移性补贴对贫困的减少作用不大。徐慧（2015）研究了贫困的代际转移问题，发现贫困存在很强的代际转移性，家庭资本的匮乏和政策的不平等是造成贫困代际传递的主要原因。蔡亚庆和杨军（2016）发现农民人力资本的提升、收入风险的降低和社会资本的增加都有利于减少贫困。

（三）文献评述

文献回顾得出，贫困是存在依赖性的，即原先的贫困家庭脱贫后更容易再次成为贫困户，不同类型的贫困家庭的返贫率和非贫困家庭贫困发生率都存在着差异化，中国城乡间进出贫困也存在差异。贫困线是影响家庭是否为贫困户的重要因素，且处于贫困线附近的家庭往往在贫困和非贫困状态间反复。而影响家庭进入和退出贫困的因素主要可以分为两种来源，即外源因素和内源因素。外源因素包括：税收政策调整、国家制定的贫困标准、居住地区位环境、农业科技投入；内源因素包括：家庭资本数量、家庭就业情况、工资性收入和生计渠道选择。虽然很多学者发现了在贫困线附近的贫困者经常反复进出贫困，但是并未测算出这部分群体的比例，以及造成这种现象的原因。

三、经济增长、不均等与贫困关系研究

在经济发展过程中会产生收入分配不均等的现象，而经济的增长也会对贫困问题产生影响，进而作用于富人和穷人间的分配关系。因此，经济增长、不均等和贫困三者之间是相互联系和相互作用的。

（一）不均等和经济增长的关系

经济学者在研究不均等和经济增长过程的问题上，一直把收入分配和经济增长作为前提假设。所以在研究一方时，必然也要研究另一方，这样才能找出收入不均等和经济增长两者间相互作用的机制。尤其在研究不均等程度存在差异的情况下，其各自对应经济增长的状况。Rodrik 和 Persson（1994）研究表明：初始收入越是不均等，经济的增长就越慢。他们也进一步发现其他不均等因素也会与经济增长呈现反向关系。Benabou（1996）为了验证上面这一观点，运用了更多国家和地区的数据，研究结果与上面一致。Barro（1999）使用了多个国家的数据，发现收入不均等程度越高的地方，对其地区经济增长的阻力会更大，但是在经济发展程度高的国家这种现象就不会出现。Forbes

(2000)研究发现收入不均等能够促进经济发展,在收入不均等的情况下,人们会选择更低的税率,这样公共财政所购买的公共物品就会减少,更多的资源将用于市场促进经济发展。随着研究的深入,人们在探讨不均等和经济关系时引入了经济发展阶段。邹恒甫(2005)认为不均等和经济增长间呈现出一种"倒U型"的关系。万广华(2006)发现收入分配不均等会阻碍经济的发展,所以不解决收入分配不均等问题最终会损坏所有人的利益。

Wan(2008)发现中国经济快速提升的同时,贫困的发生率降低了,但是贫富之间的差距逐渐在拉大。Philippe(2009)发现收入不均等将会导致借贷机会不公平,高收入者比低收入者更能够借贷到资金。赵奉军和高波(2010)发现收入不均等有利于物质资本的积累,而经济发展的起始阶段正缺乏物质资本,所以不均等能够在经济发展的起始阶段起到促进作用;经济发展的高级阶段最主要的经济因素是人力资本,不均等不利于穷人信贷,穷人的人力资本得不到提高,所以不均等在经济发展的高级阶段起到抑制作用。米增渝(2012)研究得出由于中国对穷人征税更多,而富人收到的补贴更多,从而进一步加剧了不均等,就业形势更加严峻,经济也就可能受到影响。范亚舟和舒银燕(2013)认为不均等和经济增长的关系存在一个临界值,当不均等低于临界值时不均等有利于经济增长,高于临界值时不利于经济增长。耿德伟(2014)利用1987—2005年的数据再次验证了经济增长和不均等是呈现"倒U型"的关系。刘勇等(2014)探究了1978—2012年间中国收入不均等和经济发展的关系,发现中国的经济发展促进了不均等程度,但是这两者之间没有格兰杰因果。张照侠等(2015)发现财政支出城乡不平等会促进经济发展,但是会扩大收入不均等程度。欧阳强等(2016)发现碳排放使用加多会长期地影响经济发展，经济发展会加剧不均等问题，而收入不均等在短期内又会进一步促进经济发展，但是长期来看会对经济发展产生阻碍。

（二）贫困与经济增长的关系

经济增长对贫困的影响主要体现在两个方面，即贫困的规模和贫困的影响程度。例如，涓滴理论认为利益扩散能够提高穷人的收入，进而减少贫困的规模。Bhalla（2001）发现想要从根本上有效解决贫困，经济发展是首要前提。Kraay（2003）也研究得出经济增长在解决贫困的过程中起到决定性作用，他发现当经济总量上升时，贫困人口的收入也随着上升。这说明经济发展不仅可以给富人带来福利，同时也可以增加穷人的福利，在他们的研究中也发现政府的宏观经济政策对提高穷人收入的影响不大。Moser 和 Ichida（2001）的研究结论也印证了上面的观点。从某种程度上来说，想要解决好贫困问题，只需要不断地发展经济就可以了。Ravallion 和 Chen（2003）认为滴漏理论并不能有效解决贫困问题，滴漏理论是让穷人间接享受经济发展所带来的好处，但是穷人和富人处于同一竞争市场，穷人相比富人所拥有的资本更少，竞争力更弱，那么在经济发展过程中只靠自发机制来分配经济成果会使得贫富之间的差距更大。所以提出了应采用亲贫困来作为减贫的机制，亲贫困就是根据贫困的具体特征来对贫困人口制定相应的政策，以达到减少贫困的目的。

胡兵等（2005）运用了 Lorenz 曲线对中国 1985—2003 年间的贫困问题进行了研究，发现多年的经济发展在减少贫困方面有重大影响，但是不均等程度却加剧了。胡鞍钢等（2007）找出了改革开放以来我国贫困减少的主要影响因素：高速经济发展、农民工进城、城镇化水平提升和扶贫政策。郭熙保等（2008）通过构建联立方程组探讨了贸易自由化对贫困的影响，发现贸易自由化会促进经济发展，而经济发展会起到减少贫困的作用。李小云和于乐荣（2010）运用2000—2008年间的省级面板数据探究了经济发展和贫困的关系，发现经济发展对贫困减少的作用小于20世纪80年代，同时发现第一产业相较于第二、三产业降低贫困的影响力更大。曹芳萍等（2011）指出扶贫战略不仅要提高贫困人口的收入，而且还要促进经济发展。沈扬扬（2012）测度了各类贫困指数，发现 H 指数在解释中国贫困问题上有绝对地位，高贫困线下经济发展能更好地降低贫困，这表明收入较高的贫困者比收入较低的贫困者从经济发展中获得的收益更大。毛伟等（2013）利用门槛面板回归发现经济发展在降低贫困中存在门槛效应，即在门槛值前，经济发展对贫困减少的作用更大，但在门槛值前，经济发展对贫困减少的作用更小。姚耀军等（2014）发现在不考虑经济增长对贫困减少的影响下，私营信贷部门也有利于减少贫困。崔艳娟（2014）发现金融产业发展可以提高城市化速度，进而降低贫困。刘强（2015）认为经济发展造成收入不均等现象加剧，所以经济发展对减贫的影响在降低。

（三）经济增长、不均等与贫困的基本框架

经济增长、不均等与贫困这三者之间是相互影响的，而在探讨三者之间的关系时一般先从贫困的角度来入手。Bourguignon（2002）认为经济增长和不均等共同作用于贫困变动，所以贫困的变动可以分为两个方面来解释：第一个方面是经济发展所引起收入增加而影响贫困，第二个方面就是不均等收入而影响贫困。第一种解释通常叫做"收入增长效应"，也就是指随着经济

发展，社会收入分配结构不变情况下绝对收入量的增加；第二种解释通常叫做"收入分配效应"，也就是指社会收入总量既定下分配结构变动而引起收入量的变动。然而贫困是处在动态变化中的，贫困的标准影响着贫困的基数和程度，所以在讨论经济增长、不均等与贫困时需要加入贫困线才能使三者间的互动关系更加明确和容易量化，图1-2表示其三者的变动关系：

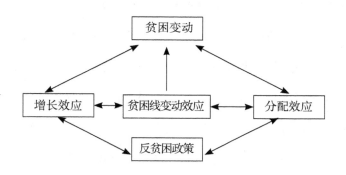

图1-2 经济增长、不均等与贫困互动关系

第四节 本章小结

本章界定了本书研究涉及的几个关键概念，对收入不均等与贫困的理论基础以及已有相关文献进行了梳理。主要观点和内容包括：

从罗恩特里的绝对贫困到森的能力贫困定义，贫困定义经历了不断丰富和发展的过程。贫困是一个动态的、历史的和地域的概念。在经济发展的初级阶段，绝对的收入和消费贫困被重点关注；在经济发展的高级阶段，相对贫困和多维度贫困（资产贫困、能力贫困、权利贫困等）备受关注。贫困线是衡量个人、家庭或某一地区贫困与否的界定标准或测定体系。它具有匡算功能、评价功能、分析功能和比较功能。贫困线的设定会因人们对贫困的认识和理解不同而产生不同的确定范畴、标准和计量单位。收入贫困侧重维持个体需求的物质需求；能力贫困重点识别穷人能力剥夺状况；权力贫困强调基本人权的缺乏状况。对收入不均等与贫困进行解释的理论则包括贫困与反贫困理论、收入分配理论、可持续生计理论和"涓滴效应"理论等。

　　从收入不均等与贫困的已有文献来看，国内外学者对我国农村不均等和贫困问题进行了广泛研究，也达成了不少共识，如大都认为收入不均等呈明显扩大趋势，经济增长有利于贫困减少，但差距拉大会抑制减贫。然而这些研究仍存在着一些不足。首先，这些研究主要侧重于收入贫困，在多维贫困的新框架下，跨学科视角研究贫困问题有待进一步深入。其次，这些研究关注的减贫途径大多关注的是某个时点上的贫困状况，而较少关注贫困的动态变化。最后，已有的研究主要关注的仍是绝对贫困问题，国内学者对相对贫困现象并未予以足够重视。随着不均等程度的扩大，相对贫困问题将变得愈加重要。因此，要厘清收入不均等和贫困的关系及其影响因素，仍有不少问题需要进一步研究。

第二章
收入不均等与贫困关系的理论分析

第一节　收入不均等与经济增长的关系分析

一、收入不均等对经济增长的积极影响

收入不均等与经济增长之间有没有关系？如果有，又是一种什么样的关系？这一问题历来就是经济理论中众说纷纭、莫衷一是的热点话题，"公平与效率"争论也愈演愈烈。那么，我们究竟该如何看待收入差距对经济增长的影响呢？尤其是在"倒U型"假说提出后，人们又该如何回答：到底是收入差距对经济增长有所促进，或是经济增长使得收入差距发生变化？

有关效率与公平的论述，在西方经济学界存在着不同的观点和流派。这

些观点可以大致归纳为两类：一类认为效率与公平是兼容的，相互依存的；另一类则主张效率与公平是对立的，即要效率就必须牺牲公平，相反，要公平就无法促进效率的提高。而且在赞成公平与效率对立的经济学家中，又有两种不同的主张，即效率优先论和公平优先论。

以哈耶克和弗里德曼为代表的自由主义学者，持效率优先论，强调经济效率的前提即是自由，能否实现经营自由、竞争自由以及生产要素流动的自由实现，对资源高效配置而言至关重要。在保持市场经济中存在着自由的前提下，资源才能够实现高效配置。而一味地强调收入分配的绝对均等必然会干涉自由，对市场机制的有效发挥也将产生不利影响，并进而对经济增长形成阻碍。按照经济自由主义的主张，市场意味着自然的平等。均等、经济增长通过市场机制的正常运行，都能够得以实现；然而，政府的一些收入再分配政策人为地对现有收入分配格局进行干预，试图改变现有的收入分配政策，在经济自由主义学者看来，这是对公平的践踏。公平被践踏之后，必然损害到经济效率，抑制经济增长。这是因为收入差距一旦被人为缩小，市场机制的激励作用将难以发挥，提升经济效率的动力也会相应地减弱。

对于新制度学派而言，其观点十分鲜明，即"清晰的产权"是最重要的，它是经济效率得以提升的前提。该学派对于怎样界定产权，对产权的界定有没有以较小的收入差距为基础并不关心。进一步来看，保证私有财产的合法性和排他性是政府应承担的一个重要职能。通过产权的自由交易和市场自由竞争，持续推动经济效率的提升；反言之，若政府仅为了实现收入差距的缩小，并未对公民的产权进行有效保护，甚至侵犯了公民的产权，那么不可避免的，其经济增长的目标将难以实现。该学派以此来说明，为了促进国民经济更快的发展，实行不均衡的发展战略，牺牲一部分低收入者的利益以换取整体经济的快速增长是划算的。因此，我们能总结出，持效率优先论的学者们大都认为，过分强调收入均等并不是真正的公平，同时还阻碍了经济的增长，"不患寡而患不均"的观点在其看来更是百害无一利。

从上述理论来看，大多阐述了一个论点"过分强调缩小收入差距不利于经济增长"。除此之外，发展经济学的不少理论说明的是如下的话题，那就是收入差距的扩大能推动经济增长。早在20世纪50年代，Nurkse 和 Nelson 就已在研究中论述，发展中国家贫困落后的主要原因是人均收入水平太低，从而引发储蓄与投资不足，但储蓄与投资的不足使得经济无法持续增长，反过来制约了人均收入水平的提高。因此，发展中国家很可能不得不面临"贫困恶性循环"和"低水平均衡陷阱"的尴尬处境。那么这样的恶性循环或者陷阱能够破解吗？著名经济学家刘易斯给出的思路是要想发展中国家能实现经济持续增长，前提是无限劳动力供给，只能够通过收入分配的变化更利于现代部门，而让传统部门的工资保持在相当低的水平。换言之，在经济发展的初期阶段，促进经济增长不得不以牺牲均等分配作为代价；同一时期，另一位经济学家，诺贝尔经济学奖获得者库兹涅茨阐述了其著名的"倒U型"假说，即低收入国家在向高收入国家的发展过程中，收入分配将呈现出"先恶化、再好转"的趋势。这个论断让不少经济学家相信，在发展中国家经济增长的初期，经济增长必然伴随着收入差距的扩大，且收入差距扩大更是经济得以增长的前提条件；对于一个期待经济腾飞的发展中国家，在公平与效率的两难选择中，答案也就显而易见，自然要放弃公平而选择效率。

事实上，"效率优先、兼顾公平"之所以能成为我国现阶段收入分配的基本政策，正是考虑到效率与公平往往是相互冲突的，也是充分考虑到一定程度的收入差距将会对经济增长产生积极的作用。如已有研究成果中阐述的：合理程度内扩大收入分配的差距，让对经济社会发展影响程度较大的人们先富裕起来，给予他们较高收入，充分激发众多有才干人们的创业精神，使社会每一个"细胞"，如企业、家庭、个人等都被激发。这些细胞都活了，整个国民经济也就活了，也就充满了生机与活力。改革开放三十多年以来，我国实现了较快速度的经济增长，离不开企业、家庭、个人等活力被激发。因此，存在着收入差距，甚至扩大，对于经济社会发展，不能忽视其正面影响，通过对美好生活的向往和追求激发，人们再一次认识到自身的价值，利用自己潜力的激发，为经济社会持续发展作出了新的贡献。

二、收入不均等对经济增长的消极影响

适当拉大收入差距的确是克服平均主义、促进经济增长的锐利武器，但这并不意味着收入差距越大对经济增长越有利。事实上，无论是在中国，还是在市场经济高度发达的国家，强调收入差距扩大对经济增长产生消极影响的呼声从来就没有停止过，恰当地说，是声势越来越大。政府也从未真正采纳过符合自由主义思想的反对政府再收入分配观点，那么，提出"收入不均等对经济增长的消极影响更大"的理论支撑是什么？

Rawls等关注社会公正的经济学家，坚持公平与效率不可调和，其认为：工作热情、工作效率会因为收入差距扩大受损，个人权利不均等、发展机遇的不均等都与收入分配的不均等密切相关，或者说成果的不均等将会使起跑线的不均等更为恶化。背后的原因不难发现，处于资本主义市场经济，金钱

与权利往往是互通的。收入差距与日俱增，拥有成果更多的那部分人，其拥有的权利也更大，而与享有成果较少的人相比，更大的权利会继续扩大其收入和财富的规模。这表明了，决定享有成果的多少，与每个人的奋斗程度关系减弱，特别是在收入差距恶化的背景下。正因为无论奋斗多少都不与其收获的成果成正比，人们的工作激情免不了大大减弱，当这种情形习以为常时，经济效率不理想也就不难理解了。对应的，分配格局合理，收入差距不那么大，更能够激发人们投身于经济社会建设的活力。

勒纳等人早已提出：平均分配是一种最优分配。这是因为，"需要"的满足程度是不可比较的，或者说效用程度是不可量化、不可测量的。因而某个人或某类人边际效用曲线的高低就无法比较，结果是无法预知哪一种分配方式可以获得最大福利。这样就可以得到如下假定，即平均分配是使社会获得最大满足的分配方式。

以奥肯、弗里昂为代表的持公平与效率相互依存的经济学家既反对平均主义，又反对收入差距过大。他们认为，市场有着其独特的作用，在市场的激励下，人们的工作热情被激发，给市场充足的活动空间是必要的。随之而来的，市场对收入分配的均等会造成不利影响。因此，市场应有所约束，通过政府法律法规和政策的制定进行调控，实现效率与公平各自的价值，达到二者兼顾与协调。他们还认为，公平本身就是平等与效率的统一。

其实，对于政府在调节收入差距中所发挥的作用，在发达国家中越来越得到关注。严重的收入差距会给经济效率造成不可忽视的影响，基于此，若能将收入差距缩小到相对合理的水平，且不至于出现平均主义，将是一个比较理想的状态。在持续推崇平均主义的阶段过后，我国忽视了收入差距过大可能造成的严重后果。为了实现经济快速增长，我们不能以"收入差距越大，经济效率越高"为骄傲，更要时刻保持对差距扩大的关注，将收入差距对经济效率的负面影响控制到尽可能小。

三、库兹涅茨"倒U型"假说的思考

在现代经济学中，库兹涅茨可以被称为收入分配与经济增长关系研究的初创者。早在20世纪50年代，其在一次就职演说中阐述道："一个国家，随着工业化程度的提高、城市化的推进，收入不均等会呈现出一个大致的发展规律，初期收入差距会不断扩大，紧接着进入相对短暂的稳定期，最后差距又会逐渐变小。"在后续的阐述中，他对上述规律进行了进一步总结，把这种收入分配在不同阶段呈现的有规律的变动形象比作"倒U"形状的曲线，其中，自变量选取的是人均国民收入，因变量选用的是收入不均等程度，并试图解释这一曲线背后的决定过程。

"倒U型"假说认为，在经济增长初期，收入不均等程度的加剧归因于以下几点：①少数富有阶层持有大量储蓄与积累，经济增长带来的红利很大一部分被他们俘获；②在工业化加快的背景下，社会经济结构出现深刻变革，与农村相比，城市内部收入不均等程度更高，而城市化水平的提高必然表现为经济中不均等的恶化。当工业化程度不断加深，自然而然会出现抵消上述作用的其他因素，使收入不均等不断恶化的趋势有所遏制，进而出现好转。"倒U型"假说所强调的诸多抵消因素大致包括以下三种：①遗产税、累进税制、救济法等法律法规的出台和相应配套措施实施带来的影响；②工业化程度的加深，城市化的不断推进，已有的剩余劳动力通过非农就业等转移到工业等收入较高的部门；③科技进步和新兴产业的涌现，进一步导致财产的分散化，源自已有产业的财产收入在总收入中所占比重持续减少。这些因素的出现，使得收入不均等在工业化的后期的变动趋势发生反转，从而出现"倒U"的情况。

国外的相关学者通过各种研究角度，运用丰富、多层次的数据，来说明"倒U"理论在实际中确实存在，也将最新的研究方法应用于库兹涅茨"倒U"假说，并对其相应的机制进行了全面分析和进一步的解释，对"倒U型"曲线的各种原因的分析早已被细化。这类分析通常强调，"倒U"现象的产生是多种因素作用的结果，不能只以人均国民收入或人均国内生产总值这样的经济增长指标来解释。储蓄或积累率、政府收入和税收、教育支出、总需求结构、劳动力在产业间的转换、人口增长率等，都是影响发展过程中收入分配变动的因素，且都随人均国民收入水平的提高而发生有规律的变化。有些学者还对制约收入分配变动趋势的各种变量进行具体的计量分析，以确定这些变量的相对解释力。

因而，不能轻易地从库兹涅茨的"倒U"理论得出结论：经济增长一定伴随着收入差距扩大，若收入差距未能扩大，就无法实现经济的增长，若强调收入差距的缩小，就一定会牺牲经济增长，从而把公平与经济增长对立起来。

第二节 经济增长与贫困的关系分析

一、贫困的交易权利假说

通过分析各阶层在用以分配的丰裕成果中的拥有比例，来阐述经济增长与贫困之间千丝万缕的关系。一般经济的增长会带来丰富的发展成果,但有一部分人群并不能享受到其相应比例,从而仍陷入贫困之中。究竟是什么原因导致这部分人未能分享到相应经济成果?为什么另一部分人享受到经济增长带来的成果更多?森的交换权利理论可以拿来解释这些疑问。

森提出交换权利的理论,他认为,交易权利映射实质是一个关于所有权的组合对应的可支配商品的集合。比如,土地、劳动力等资源被一个人拥有,我们称这些拥有的资源为其资源禀赋。从资源禀赋角度出发,该人可以生产出一个属于他的粮食集合;或者凭借出卖拥有劳动力,获取劳动报酬,利用工资收入购买包括食物等商品;该人还能够通过种植经济作物,将收获的经济作物出售得到资金,用以购买食物等商品。在上述经济环境中,通过不同方式所能获得的商品组合就是其资源禀赋的交易权利。若其交易权利的集合中未能拥有一定数量的商品组合,其将处于贫困状态。

转换成数学公式则为,设 A 为包含 m 种商品的组合,a 是每一个人所拥有的商品所有权向量,c 为其面对的价格向量,它的交换权利集 $E(a)$ 是一个向量集,当中任一向量是该人用向量 a 在交易中能够获得的商品向量。我们称从 A 到 B 的函数 $E(a)$ 为交易权利映射。函数 $E(a)$ 与身处的社会中的政治、经济和法律等特征有关,当然其中包括社会地位。E_i 为满足第 i 个人最低需求的商品组合所形成的集合,从而明确该人的资源禀赋以及交易权利映射,当且仅当他不能得到 E_i 中的任何一项时,表明该人因弱势的权利关系而陷入贫困。假设 E_i' 是符合规定的最低商品需求的向量集合,在并未发生权利转移的情况下,若 $E_i'<E_i$,其将陷入贫困。

贫困在交换权利理论中认为,其是未取得一个含有有一定量商品组合权利的结果。一个人面临贫困，不是因为资源禀赋下降（如失去土地、遭遇疾病等），就是因为交易权利恶化（如商品价格水平过度上涨等），当然，那些本身无任何资源禀赋的人不包括在上述范围内。因此，资源禀赋和交易权利映射是理解交换权利理论的关键，其分析方法中所重视的是人们分得经济增长果实的能力，通过资源禀赋和交易权利映射将经济增长与贫困联系起来。

二、经济增长下减贫过程非均衡性的理论解释

我国农村扶贫绩效在时间上存在明显的非均衡性。20世纪80年代以来，我国的减贫进程大致可以进行以下划分：第一阶段，1978—1985年间，以家庭承包责任制为主的农村改革极大地释放了生产力，农民生活改善；第二阶段，在随后的近十年中，政府推行大规模扶贫计划，瞄准重点县和重点区域，但减贫的速度开始下降，减贫效果逐渐显示出边际递减的趋势；第三阶段，"八七扶贫攻坚计划"期间，瞄准重点县和区域实行开发式扶贫，注重基础设施建设和中西部地区发展，该阶段减贫速度有所回升；第四阶段，2001年至今，政府在开发式扶贫中实行整村推进，劳动力转移培训和农业产业化扶贫，但随着农村经济发展速度总体放缓，减贫速度进一步下降。

对于经济增长和贫困的关系，传统发展经济学中的线性认识难以很好说明我国减贫过程中阶段差异性，通过经济增长与贫困的交易权利分析框架，可以对中国农村减贫历程中呈现出的时间的非均衡性进行解释。

在第一阶段，农村改革是农村减贫的关键。农村改革通过明确农村家庭

土地权利,促进人力资源向非农领域流动等,提高了农民尤其是贫困人口的农地、农产品和人力资源等交易权利。从新中国成立到1978年近30年艰难曲折的探索之路,我国政府已经清楚地认识到了要实现社会发展和贫困缓解,根本出路在于打破已经开始制约经济发展的人民公社制度,探索新的适应社会经济发展需要的崭新制度。因此,这一阶段扶贫的主要途径是通过制度改革来实现经济发展,最终缓解贫困。这一阶段的体制改革以家庭联产承包责任制取代人民公社集体经营制度为核心,包括土地制度改革、农产品交易制度改革和就业制度改革。家庭联产承包责任制的实施将集体经营的土地承包到户,农民重新获得了自主的土地经营权,初步确定了土地经营中国家、集体和个人之间的利益分配关系。土地制度的改革,充分调动了农民生产的积极性,农业生产效率得到了大幅提高,农民收入随之大大地提高,农村贫困得以大幅缓解。同时,计划经济时期的农产品收购制度开始松动,以市场化为取向的农产品交易制度改革开始进行,农产品的市场交易条件开始得到改善。此外,农村乡镇企业的崛起打破了农村单一农业投资和就业制度格局,推进了农村经济结构,农村富余的劳动力开始向非农产业转移,农民收入从单一的农业收入向多样化收入来源发展。

第二阶段,农村改革效应减弱甚至逆转,农民交易权利降低,农村减贫速度有所放缓,农村改革效应开始减弱,改革开放前期的体制改革虽然促进了国民经济的快速发展和贫困的大幅缓解,但是,由于部分地区自然、历史、文化和社会等多方面因素的交织影响,制度改革推动的经济发展和贫困缓解的释放力减弱。这导致在各方面条件优越地区的经济快速发展,人民收入大幅提高的同时,另外一些农村地区农民依然过着十分贫困的生活,我国农村发展不平衡问题初见端倪。

第三阶段，农村劳动力就业条件改善，非农就业情形更为普遍，农民的交易权利有所增强。为了加快扶贫攻坚的进程，确保基本解决农村贫困人口温饱问题的目标如期实现，中共中央、国务院分别制定了一系列政策与配套措施。这一时期的扶贫政策表现出以下特征：第一，进一步明确中央和地方政府相关扶贫机构的职能，加大扶贫资金投入力度，包括扩大以工代赈资金规模，专项安排"新增财政扶贫资金"，扩大扶贫贷款贴息资金规模，加大对贫困地区人畜饮水、道路交通等基础设施建设投入等；第二，强调扶贫开发项目直接针对贫困村和贫困户；第三，动员社会各界广泛参与扶贫开发，增强扶贫力量，促进扶贫形式多样化。但由于缺乏城乡统筹，城乡差距扩大，部分地区农村贫困状况还有所恶化。

第四阶段，中央政府大幅增加对农业农村的投入，强化各项支持保护政策，不断完善农村社会保障制度，农村居民交易权利有了大幅提升。该阶段主要致力于解决贫困人口温饱问题，进一步改善贫困地区的基本生产生活条件，巩固温饱成果，提高贫困人口的生活质量和综合素质，加强贫困乡村的基础设施建设，改善生态环境，逐步改变贫困地区经济、社会、文化落后的状况。逐渐地，贫困村、贫困户成为基本瞄准对象，扶贫资金也覆盖到非重点县的贫困村；同时，注重发展贫困地区的科学技术、教育和医疗卫生事业。

需要强调的是，近三年来，中央提出精准扶贫、精准脱贫，瞄准贫困人口，建档立卡，通过"五个一批"发展产业，开展劳务输出，重视教育、医疗贫困的缓解，有条件的地方利用易地搬迁，剩余的部分政策兜底，改变原有扶贫思路和方式，更显著地增强了贫困农民的交易权利，由于政策效果的发挥存在一定的时滞性，上述政策的脱贫效应将在未来几年逐步显现出来。

第三节 收入不均等与贫困的关系分析

一、"涓滴效应"视角下收入不均等与贫困的关系

经济增长是否会缓解贫困，或者说会多大程度地缓解贫困，这和经济增长过程中的国民收入分配政策是相关的。经济增长、贫困缓解和收入分配三者的关系可以用图2-1来表示。

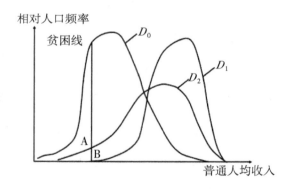

图2-1 经济增长、贫困缓解与收入分配的关系

假设表示的是基期的收入分配曲线，该曲线表示的普通人均收入较低，收入分配也比较均等。所以，在这个时期，处于贫困线以下的人口数量较多。由贫困计算方法可得知，贫困发生率=（A+B）/1，贫困线之下的所有区域为贫困整体。随着经济的增长，若收入不均等程度不变，经济的整体增长会把基期的收入分配曲线往右移，也就是曲线从左往右移变成新的收入分配曲线。

这时，所有人口都会享受到经济发展带来的好处，他们的生活标准会变得更高，并且贫困发生率为 0，即此时没有贫困人口。但是，如果经济增长过程中，收入不均等的程度变得越来越严重，收入分配曲线依然会往右移动，可是收入分配曲线会变得更加扁平，也就是说，最高收入群体和最低收入群体的差距越来越大。在这种情况下，会出现一定的贫困人口。如果收入分配曲线右移变成了曲线，相应的贫困发生率 = B/1。我们可以看出，虽然这个阶段经济增长会在一定程度上降低贫困发生率，但是人口的收入不均等程度越来越严重，收入低于贫困线以下的贫困人口群体的贫困深度和贫困强度会越来越严重。

"涓滴效应"理论认为，经济增长的过程中，处于贫困的农村人口将会受益，这主要表现在非农就业机会增加，社会对农产品的消费能力增加，农业生产要素价格也会随之升高，这些因素对贫困人口脱离贫困都有积极的影响，在这些因素之中，经济增长带来的益处可以自发地、主动地从高收入群体、中等收入群体向低收入群体渗透，也就是说，贫困人口随着经济的整体上升，像"水涨船高"一样，会间接地从经济增长过程中受益，从纵向来看，这是一种从上到下、由富及贫的方式，最后的结果是包括贫困人口在内的所有人口都会从经济发展过程中受益。然而，这样的经济增长和贫困的相互关系不能解释两个悖论：第一个悖论是，随着时间的推进和经济的不断增长，并且一些国家或地区保持着较高的经济增长率，然而其贫困减少的速率却越来越慢，甚至还会出现贫困发生率上升的现象，这是在时间上不均衡的悖论；第二个悖论是，一些国家和地区的经济增长速度较快，但是其贫困减少效果却反而低于经济增长速度比其慢的国家或地区，这是在空间上不均衡的悖论。

随着贫困研究的深入，越来越多的经济学家先后提出质疑，他们关注的主要焦点在于高速经济发展过程中存在着不均等，这种不均等不仅仅局限于收入分配的不均等，而且包括社会其他方面的不均等，比如就业、教育、医疗等方面，这些不均等的存在，很大程度会抵消贫困人口从经济增长过程中能够获取的好处，也就是导致了"致贫式增长"。随着实证分析在经济学，尤其是贫困方面研究中的广泛应用，越来越多的经济学家通过实证分析否定了在经济增长过程中的"水涨船高"现象。

二、"有利于穷人的增长"视角下收入不均等与贫困的关系

由前文可知，经济增长与贫困减少之间的关系难以下一个准确的结论，这是因为两者的关系主要取决于收入不均等的程度及其变化情况，"有利于穷人的增长"理论刚好将这三个联系在一起。"有利于穷人的增长"理论可以分为两类，一类是一般定义的"有利于穷人增长"的理论和严格定义的"有利于穷人增长"的理论。一般定义的"有利于穷人增长"的理论是指只要在经济增长的过程中产生了贫困发生率下降的现象，就说明经济增长是有利于穷人的；严格定义的"有利于穷人增长"的理论则是指在经济增长的过程中，不仅要求贫困发生率下降，而且要求贫困人口与中高收入群体之间的收入不均等程度得到缓解。本书倾向于第二种定义，也就是说，衡量是否属于"有利于穷人的增长"不仅需要判断贫困状况是否得到改善，还需要进一步衡量整体的不均等程度是否得到缓解。

"有利于穷人的增长"理论的概念包括很多方面内容，比如贫困人口收入的增长、可持续发展的能力以及社会机会（包括医疗、教育、就业等）的

增加等内容。所以，企图只依靠收入分配政策调节收入的初次分配和再分配来提高贫困人口收入的作用是有限的，"有利于穷人的增长"需要制度和公共政策的不断改革和完善，让越来越多的贫困人口受益，才能有效地缓解贫困。

从制度方面讲，"有利于穷人的经济增长"应该体现在个人权利上的制度安排上，正如著名的经济学家奥尔森所言："最繁荣的国家恰好是那些凭借制度而提供了最大限度的个人权利的国家，这绝非偶然。"有利于贫困人口的制度应该是能够公平地给贫困人口提供相应权利的制度，这就体现出了制度安排的重要性。制度安排决定了贫困个体权利的大小，而贫困个体权利的大小是衡量是否"有利于穷人的经济增长"的标准。过去的实证分析结果表明，个体权利的不足，往往是由于缺少应有的制度安排，这是我国贫困人口收入较低和可持续发展能力不足的主要影响因素。穷人无处不在，每个国家或地区都可能存在穷困，但是贫困人口的多少和导致贫困的原因是有差异的，我们可以把贫困类型分为两类：第一类贫困类型是自然贫困，这种贫困类型往往是由于个体的先天性疾病或劳动力能力的丧失等原因导致的贫困，这种类型需要国家提供基本的社会保障来消除；第二种贫困是制度性贫困，这种贫困主要是由于后天的教育、家庭、出身等原因导致的贫困，这种类型的贫困需要科学合理的制度安排和公共政策来缓解。

前文所讨论的"有利于穷人的经济增长"的制度安排和公共政策是为了消除或缓解制度性贫困，所以这种制度安排又可以分为三类：亲贫制度、非亲贫制度和中性制度。亲贫制度是建立在罗尔斯的差别原则基础上的，是一种有利于贫困人口的制度安排。在这种制度安排下，承认和允许不均等的存在，但这种制度的基本前提是使受益最小的群体获取最大的效益，在不均等的条件下，每个人的利益均能随着经济增长而提高，也就是所谓的"水涨船高"，但是必须满足最小受益群体获得最大效益的前提，罗尔期的差别原则是亲贫制度的理论基础。亲贫制度的内涵我们无法准确一一定义，主要内容主要体现在社会能做到人人都有均等的机会，能够有相应的体制和制度来使得贫困人口能够获取最大效益。相反，非亲贫制度是不利于贫困人口的收入增长和缩小社会不均等程度的，甚至在一定程度上会对贫困人口权利进行剥夺，增加贫困人口的数量或加剧贫困人口的贫困程度。

在讨论一个经济体收入分配和收入不均等问题时，影响经济体中成员收入分配的因素有很多，但影响最根本和最直接的应该归于社会制度，社会制度决定社会生产关系，生产关系影响社会生产力，进而影响社会经济发展，经济发展会形成社会成员收入分配的不均等和变动。目前在研究发展中国家收入分配时，流行经济学刻意地回避了社会制度和经济发展对收入分配的影响。如果将这种研究思路引入分析中国收入分配和收入不均等问题时，就会产生偏差和不准确，所以把社会制度和经济发展因素纳入收入分配问题中是必不可少的。

社会经济发展中会存在绝对贫困，社会收入分配不均等会产生相对贫困，国家出于缓解贫困的角度，在设计社会经济发展机制时，需要从以下几个方面着手。首先，在众多的经济发展模式中，亲贫式的发展模式是能够改善贫困人口问题的途径，而亲贫式发展模式的产生由以下几个部分组成：第一，社会经济需要发展到一定的水平，同时市场化程度也需要达到一定的要求；第二，公众参与社会资源安排和财富分配的程度；第三，社会政策的决策模式是政府专制还是社会民主；第四，整个社会的文化氛围和公共价值判断。

同时，亲贫式发展模式的产生除了以上几个方面还需要包括下面几点：第一，贫困的产生由很多因素构成，例如，收入低下、消费不足、食物缺乏、教育匮乏、医疗落后等，以往都过度地强调了贫困人口的收入和收入分配不均等的问题，我们需要弄清收入不均等和经济不均等是有本质区别的；第二，以往在中国的发展过程中，过度地强调经济的增长速度，使得经济的发展是官员升迁的重要考量，经济发展的动力可以以此为动力，但是需要建立在一定的前提下，在不仅考虑经济增长的同时，也需要考虑社会企业发展水平的提升和人们生活水平的提升，不能出现国富民穷的现象。如果忽略经济发展中社会各群体都获益这一点，再快的经济发展都不能代表着社会发展，这种不平衡的发展模式是不可持续的，经济和社会最终也会走向崩溃。

第三章
湖北农村贫困状况及其影响因素研究

第一节 湖北农村贫困状况

一、贫困的测量方法

国际学术界普遍接受的贫困测度方法之一的 FGT 指数是由 Foster 等（1984）构建的经典贫困测度指标。令在 t 时刻农村家庭 i 的人均收入 x_{it}，Z_t 为贫困线，如果 $x_{it} < Z_t$，该家庭为贫困家庭，即

$$r_{it} = 1, \text{ if } x_{it} < Z_t \qquad (3\text{-}1)$$
$$= 0, \text{ otherwise}$$

上式中，如果 r_{it} 等于 1，该家庭为贫困家庭，如果 r_{it} 为 0，该家庭为非贫困家庭。为了测量个体的贫困发生率，需要假设家庭中所有成员享有同样的生活水平，这样生活在贫困家庭中的所有人口都被定义为贫困人口。

大部分贫困测量采用贫困发生率指标。贫困发生率（H）是指贫困人口占总人口的比重，计算公式如下①：

$$H = \sum_{i=1}^{n} f_i r_i \qquad (3-2)$$

贫困发生率不能反映穷人的贫困程度。假如有两个地区 A 和 B 每个地区有 5 个人口，他们的收入见表 3-1。假设贫困线为 800 元，通过公式计算，两个地区的贫困发生率都为 40%。显然，地区 B 比地区 A 更加贫困，但是贫困发生率的测度无法捕捉到这个信息。换句话说，贫困发生率指标不能反映贫困人口收入与贫困线之间的差距。

表 3-1　两地区家庭收入与贫困发生率比较

地区	家庭收入（元）					贫困发生率（%）
	1	2	3	4	5	
A	700	700	1000	1000	1000	40
B	650	650	1000	1000	1000	40

为了反映贫困人口收入与贫困线的差距，可以采用贫困缺口率指标，表示如下：

$$g = \sum_{i=1}^{n} f_i r_i \frac{Z_t - x_i}{Z_t} \qquad (3-3)$$

贫困缺口率指标满足了 Sen（1976）提出的贫困测度的单调性法则，即穷人福利的减少会导致贫困的增加。

在 t 时刻调查样本的贫困测度可以总结为下式：

---

① 吴海涛，丁士军：《贫困动态性：理论与实证》，武汉大学出版社 2013 版。

$$P_t = \sum f_i r_i \left(1 - \frac{x_i}{Z_t}\right)^\alpha \qquad (3-4)$$

式中，α 为贫困规避（poverty aversion）系数，当 α = 0，上式为贫困发生率，指发生贫困人口占总观测人口的比例；当 α = 1，上式为贫困深度（贫困缺口率），反映观测样本贫困人口收入或消费低于贫困线的程度；当 α = 2，上式为贫困严重性，反映贫困人口间的不平等程度[①]。

二、农村家庭收入和消费变动情况

本书利用湖北农村实地调研农村家庭数据，从收入和消费维度对湖北贫困进行测度，因此有必要对收入和消费数据进行说明。农村家庭纯收入分别从多个维度来测度，由毛收入扣除家庭经营支出、生产性固定资产折旧、营业税、缴纳给村集体的提留、调查补贴以及给亲朋好友的馈赠得到。农村家庭纯收入由工资性收入、家庭经营收入（由经营毛收入扣除经营成本、固定资产折旧以及营业税得到）、转移性收入（包括亲友的馈赠、农业补贴、机构工作人员津贴、军人伤亡抚恤助金、学校奖学金等）和财产性收入（包括利息、股息、房屋或其他资产租金等）组成。

农村家庭消费性支出主要由食物、衣物、住房、日用品、健康、教育、休闲、交通和通信方面的支出构成。通常情况下，为了保证最后加总的消费支出与国际上通常的算法保持一致，还要对包括消费自产粮食、耐用消费品和住房在内的三类支出进行调整。

从 2005 年、2008 年和 2010 年的数据来看，调查农村家庭的收入持续增

---

① 韩明谟：《农村社会学》，北京大学出版社 2001 版。

长（见表3-2）。2005年人均收入为3198.8元，2008年增加到4816.47元，2010年达到6192.65元。农村家庭的收入由工资性收入、家庭经营性收入、财产性收入和转移性收入4个组分构成，其中家庭经营收入由农业经营收入和非农经营收入构成。从4个组分收入的变化来看，工资性收入、家庭经营性收入、财产性收入和转移性收入在调查的时间段内均保持增长态势。从农村家庭人均收入的构成来看，家庭经营性收入占总收入的绝大部分比重，调查年份里家庭经营性收入占总收入的比重都在55%以上。工资性收入占总收入的比重在29%以上。财产性收入在总收入的4个组分中所占的比重最低，最高的年份仅占1.77%。转移性收入所占的比重在3%到6%之间。

从各收入组分所占比重的变化来看，工资性收入所占的比重呈现上升的趋势，从2005年的29.22%增加到2008年的35.37%，到2010年增速有所放缓，达到36.38%。家庭经营性收入所占比重持续下降，由2005年的67.2%下降到2010年的56%，其中农业经营收入所占比重下降明显，由2005年的60.67%下降到2010年的49.16%。财产性收入所占比重呈现上升的趋势，从2005年的0.55%上升到2010年的1.77%。转移性收入所占的比重也呈现上升的趋势，从2005年的3.11%上升到2010年的5.85%。

表3-2 湖北农村家庭收入构成（元）

收入类型	2005年	比重	2008年	比重	2010年	比重
人均纯收入	3198.8	—	4816.47	—	6192.65	—
工资性收入	934.57	0.2922	1703.8	0.3537	2252.66	0.3638
家庭经营收入	2147.17	0.6712	2856.34	0.593	3467.59	0.56
其中：农业经营收入	1940.75	0.6067	2572.28	0.5341	3044.12	0.4916
非农经营收入	206.42	0.0645	284.06	0.059	423.47	0.0684
财产性收入	17.66	0.0055	40.71	0.0085	109.85	0.0177
转移性收入	99.41	0.0311	215.62	0.0448	362.56	0.0585

从人均收入分布在1000元以下、1000～3000元、3000～5000元、5000～7000元、7000～9000元、9000～11000元、11000～13000元、13000～15000元和15000元以上的农村家庭比重看，大部分农村家庭人均收入分布在1000～7000，超过27%的农村家庭人均收入分布在3000～5000元，19%～48%的农村家庭人均收入分布在1000～3000元之间，8%～21%的农村家庭收入分布在5000～7000元。从2005、2008和2010年的不同收入段的农村家庭比重的变化趋势来看，人均收入分布3000～5000元的农村家庭比重比较稳定，在30%左右。人均收入分布在1000～3000元的农村家庭比重快速下降，从2005年的48%下降到2010年的19%，分布在1000元以下的农村家庭比重也呈现快速下降趋势。分布在7000～9000元、9000～11000元、11000～13000元、13000～15000元和15000元以上的农村家庭比重均呈现上升趋势。由此可见，人均收入分布在较高段位的农村家庭比重越来越高，而人均收入分布在较低段位的农村家庭比重有较大地减少。

表3-3　湖北农民人均纯收入分层

收入区间	2005年		2008年		2010年	
	户数	比重	户数	比重	户数	比重
1000元以下	97	7.36%	69	5.24%	23	1.75%
1000～3000元	629	47.72%	315	23.90%	244	18.51%
3000～5000元	416	31.56%	434	32.93%	361	27.39%
5000～7000元	105	7.97%	276	20.94%	272	20.64%
7000～9000元	48	3.64%	124	9.41%	190	14.42%
9000～11000元	14	1.06%	48	3.64%	87	6.60%
11000～13000元	6	0.46%	26	1.97%	55	4.17%
13000～15000元	2	0.15%	11	0.83%	41	3.11%
15000元以上	1	0.08%	15	1.14%	45	3.41%

在5个调查年份中，农村家庭的人均消费都低于人均收入。调查显示农

村家庭人均消费呈现出较快增长趋势,从 2005 年的 9572 元增加到 2010 年的 16347 元。农村家庭的消费支出构成包括食物消费支出、衣着消费支出、居住消费支出、生活用品及服务消费支出、交通和通信支出、文化教育娱乐消费支出、医疗保健消费支出以及其他商品和服务消费支出。其中食物消费支出、衣着消费支出、居住消费支持、医疗保健消费支出和交通通信消费支出都呈现了增长的趋势。增长最为明显的是居住消费支出和医疗保健消费支出;教育娱乐消费支出在期间内出现了波动。

从消费支出的构成来看,食物消费支出是农村家庭消费支出的最主要成分,其占总消费支出的比重在 2005 年和 2008 年都在 40% 以上,2010 年占比虽有所下降,但仍达到 42%;其次为居住消费支出和教育文化娱乐支出。从其结构变化来看,食物消费支出比重呈现缓慢的下降趋势,从 2005 年的 48% 下降到 2010 年的 42%;衣着消费支出没有明显变化,居住消费支出的比重略有上升;生活用品及服务和交通通信支出的比重均略有下降;医疗支出的比重有一定程度的增长;教育娱乐消费支出呈现较快的下降趋势,从 2005 年的 13.5% 下降到 2010 年的 8.5%。

表 3-4　湖北农村家庭消费及其结构变动

消费支出成分	2005 年	比重	2008 年	比重	2010 年	比重
人均消费(元)	9572.42	—	14540.68	—	16346.59	—
食品烟酒(元)	4718.29	0.4826	6715.43	0.4508	6979.58	0.4169
衣着(元)	495.12	0.0506	776.24	0.0521	861.31	0.0515
居住(元)	116.67	0.1142	3126.91	0.2099	3531.28	0.2109
生活用品及服务(元)	444.79	0.0455	778.60	0.0523	1000.83	0.0598
交通通信(元)	909.85	0.0931	1132.34	0.076	1316.10	0.0786
教育文化娱乐(元)	1318.48	0.1349	1244.83	0.0836	1423.73	0.0850
医疗保健(元)	552.83	0.0565	753.69	0.0506	1137.01	0.0679
其他用品和服务(元)	221.06	0.0226	367.45	0.0247	490.47	0.0293

三、农村家庭的收入贫困情况

利用国家统计局公布的 2005 年、2008 年、2010 年贫困线（以下简称国定贫困线）、世界银行公布的 1 美元/天（以下简称 1 美元线）和 2 美元/天贫困线（以下简称 2 美元线）等 3 条贫困线，分别度量 2005 年、2008 年和 2010 年湖北农村家庭的贫困状况。

利用不同贫困线度量湖北农村的贫困，结果呈现出较大的差异（见表 3-5），其一，从贫困发生率来看，国定贫困线度量结果在 3.11% ～ 6.45%，1 美元线度量结果 12.59% ～ 55.08%，2 美元线度量结果在 46.51% ～ 91.50%；其二，从贫困深度来看，国定贫困线度量结果在 1.88% ～ 2.52%，1 美元线度量结果在 4.89% ～ 0.66%，2 美元线度量结果在 17.28% ～ 49.62%；其三，从贫困严重性来看，国定贫困线度量结果在 1.17% ～ 11.61%，1 美元线度量结果在 4.55% ～ 10.70%；2 美元线度量结果在 9.88% ～ 31.13%。

从收入贫困的变化趋势来看，尽管从 2005 年到 2010 年湖北农村人均收入呈现持续增长的趋势，利用国定贫困线、1 美元线和 2 美元线度量的三个贫困指标在 3 个调查年份表现出持续下降的趋势，但是国定线和 1 美元线度量时，部分指标呈现上下波动的趋势。这说明收入的增长可能没有完全惠及贫困的人口，预示着湖北农村的收入差距变化较大。采用 2 美元线度量结果则呈现贫困发生率、贫困深度和贫困严重性持续下降。由此可见，收入贫困的度量对贫困线的选择是很敏感的，采用不同的贫困线度量结果会呈现出差异，并且趋势不一。选择高贫困线度量贫困会和收入呈现相似的变动趋势，而采用低贫困线度量则关注收入最低的人口和家庭，其贫困发生的状况并不一定和收入变化呈现相似的趋势。

表3-5 2005年、2008年、2010年湖北农村收入贫困状况

贫困测度	2005年			2008年			2010年		
	国定线	1美元线	2美元线	国定线	1美元线	2美元线	国定线	1美元线	2美元线
贫困发生率	6.45%	55.08%	91.50%	6.37%	22.31%	63.13%	3.11%	12.59%	46.51%
贫困深度	1.88%	20.66%	49.62%	2.52%	8.05%	25.25%	2.42%	4.89%	17.28%
贫困严重性	1.17%	10.70%	31.13%	1.77%	4.55%	14.05%	11.61%	5.69%	9.88%

四、农村家庭的消费贫困情况

如表3-6所示,农村家庭的消费水平总体上低于收入水平。采用不同贫困线度量不同年份的贫困,研究发现,消费贫困的发生率和贫困深度都低于收入贫困的发生率和贫困深度;国定线、1美元线和2美元线度量的消费贫困的严重性都低于收入贫困的严重性。

表3-6 2005年、2008年、2010年湖北农村消费贫困状况

贫困测度	2005年			2008年			2010年		
	国定线	1美元线	2美元线	国定线	1美元线	2美元线	国定线	1美元线	2美元线
贫困发生率	0.00%	2.35%	24.66%	0.00%	0.68%	7.81%	0.00%	0.08%	4.32%
贫困深度	0.00%	0.60%	6.06%	0.00%	0.13%	1.63%	0.00%	0.00%	0.82%
贫困严重性	0.00%	0.23%	2.30%	0.00%	0.04%	0.57%	0.00%	0.00%	0.23%

不同贫困线下,消费贫困状况也存在着较大的差异。其一,从贫困发生率来看,国定贫困线度量的结果均接近0%,1美元线度量的结果在0.08%~2.35%,2美元线度量的结果在4.32%~24.66%。其二,从贫困深度

来看，国定贫困线度量的结果均接近0%，1美元线度量的结果在0.00%～0.60%之间，2美元线度量的结果在0.82%～6.06%。其三，从贫困严重性来看，国定贫困线度量的结果均接近0%，1美元线度量的结果在0.00%～0.23%，2美元线度量的结果在0.23%～2.30%。

从2005年到2010年，不同贫困线对消费贫困度量结果的变化总体上呈现出下降的趋势，利用1美元线，贫困发生率从2005年的2.35%下降到2010年的0.08%，贫困深度从0.60%下降到0.00%，贫困严重性从0.23%下降到0.00%。利用2美元线，贫困发生率从2005年的24.66%下降到2010年的4.32%，贫困深度从6.06%下降到0.82%，贫困严重性从2.30%下降到0.23%。这一结论和收入贫困度量结果的变化有所差别。其原因在于消费数据更能够反映农村家庭长期的福利水平和趋势，而收入数据具有更大的变异性。换句话说，农村家庭更加能够利用家庭生计策略进行消费平滑。因此，利用消费数据度量农村家庭贫困的变动更能反映农村家庭真实的福利变动。

五、农村家庭的食物贫困

根据恩格尔系数在60%以上为生活绝对贫困的定义，将考察的三条收入和消费贫困线乘以60%作为食物贫困线，测算调查农村家庭的食物贫困状况，结果列于表3-7中。不论是采用哪条贫困线测算，农村家庭食物贫困的发生率都低于消费贫困和收入贫困发生率。在国定贫困线、1美元线和2美元线下，农村家庭食物贫困的深度和严重性均低于消费贫困和收入贫困深度和严重性。

不同贫困线下农村家庭食物贫困状况也存在着较大的差异。其一，从贫困发生率来看，国定贫困线度量的结果在 0.08%～0.46%，1 美元线度量的结果在 1.21%～15.93%，2 美元线度量的结果在 26.86%～79.89%。其二，从贫困深度来看，国定贫困线度量的结果在 0.01%～0.06%，1 美元线度量的结果在 0.19%～3.73%，2 美元线度量的结果在 5.62%～26.64%。其三，从贫困严重性来看，国定贫困线变量的结果在 0.00%～0.02%，1 美元线度量的结果在 0.06%～1.40%，2 美元线度量的结果在 1.80%～11.83%。从 2005 年到 2010 年，农村家庭人均食物消费支出持续上升，从 2005 年的 4718 元上升到 2010 年的 6980 元。采用不同的贫困线测度食物贫困发生率都表现出持续下降的趋势，贫困深度和贫困严重性也呈现下降的趋势。在国定线度量下，食物贫困发生率从 0.46% 下降到 0.08%，贫困深度从 0.06% 下降到 0.01%，贫困严重性从 0.01% 下降到 0.00%。在 1 美元线下，食物贫困发生率从 15.93% 下降到 1.21%，贫困深度从 3.73% 下降到 0.19%，贫困严重性从 1.40% 下降到 0.06%。在 2 美元线度量下，食物贫困发生率从 79.89% 下降到 26.86%，贫困深度从 26.64% 下降到 5.62%，贫困严重性从 11.83% 下降到 1.80%。选取的贫困线越高，贫困发生率、贫困深度和贫困严重性下降的趋势越为明显。

表 3-7　2005 年、2008 年、2010 年湖北农村食物贫困状况

贫困测度	2005 年			2008 年			2010 年		
	国定线	1 美元线	2 美元线	国定线	1 美元线	2 美元线	国定线	1 美元线	2 美元线
贫困发生率	0.46%	15.93%	79.89%	0.23%	3.34%	29.14%	0.08%	1.21%	26.86%
贫困深度	0.06%	3.73%	26.64%	0.06%	0.85%	7.74%	0.01%	0.19%	5.62%
贫困严重性	0.01%	1.40%	11.83%	0.02%	0.33%	3.10%	0.00%	0.06%	1.80%

第二节 湖北农村多维度贫困度量

一、多维贫困度量的方法

有效反贫困政策措施的制定依赖于准确地识别贫困人口,只有准确地识别了穷人,扶贫政策和相关项目才能瞄准穷人。当前,世界各国通常采用收入贫困线或者消费贫困线来识别穷人,这种识别方法从根本上是用货币来度量贫困。各国学者围绕货币贫困的度量问题在理论和实践中发展出了一系列的度量方法和指标,例如,贫困发生率、贫困距、基尼系数、森指数等(邹薇、方迎风,2011)。但是,不管是收入贫困或消费贫困度量方式做何种改进,其根本的缺陷在于忽略了贫困和福利的非货币性质,也就是说,贫困不仅仅是单一收入和消费维度的,而是多维度的。诺贝尔经济学奖获得者阿玛蒂亚·森指出:"贫困最终并不是收入问题,而是一个无法获得某些最低限度需要的能力问题"[①]。他认为,人类发展是由免受饥饿、营养不良、疾病等一系列功能性活动构成的基本可行能力所决定,贫困是对基本可行能力的剥夺,而不仅仅是收入低下(Sen,1999)。森对贫困的定义方法被称为能力贫困,能力方法提出了从功能的视角定义贫困的多维度理论。多维度贫困的度量指标包括两个方面:一是每个个体在社会上所实现的客观福利,二是每个个体对于其生活状况的主观评价。其核心观点是人的贫困不仅仅是收入或者消费贫困,也包括饮用水、道路、卫生设施、决策权利等其他客观指标和对

---

① 阿马蒂亚·森:《贫困与反贫困》,商务印书馆2004版。

福利的主观感受的贫困[①]。多维度贫困受到了一些研究者和政策制定者的关注,他们对多维度贫困的度量问题进行了重点探讨。例如 Lugo 等(2009)提出了基于信息理论的方法,Bourguignon 等(2003)提出了公理化方法。牛津大学贫困和人类发展机构主任 Alkire 专门组建了致力于测量多维度贫困的研究团队,发展了针对多维贫困的识别、加总和分解方法,并得到了较多地应用。我国学者从多维度视角对贫困状况测度的研究还不多,一些学者初步探讨了多维度贫困的测度方法(尚卫平、姚智谋,2005;陈中,2008),此外,一些学者利用前人构建的多维贫困测度方法,利用中国健康与营养调查数据和国定贫困县的数据对中国多维贫困进行了测量(王小林等,2009;李佳路,2010)。基于此,本节在湖北农村实地调研数据的基础上,应用多维贫困的测量方法,对湖北农村家庭贫困进行进一步度量和分析。

本书采用 Alkire 和 Foster (2009)提出的多维贫困的测度方法:令 N 表示人口数,$D \geq 2$ 是考察的维度数,$y = [y_{ij}]$ 指 $N \times D$ 维矩阵的取值,y_{ij} 是个体 i 在第 j 个考察维度的值,行向量 y_i 是个体 i 的取值,列向量 y_j 是维度 j 的取值,假设维度 D 是给定的,Z_j 是维度 j 的贫困临界值或贫困线,Z 是行向量,代表了具体维度的贫困线。对于任何矩阵 Y,可以定义一个贫困矩阵 $g_0 = [g_{ij}^0]$,当 $y_i < Z_j$ 时,$g_0 = 1$ 表示 y_{ij} 处于贫困水平;当 $y_{ij} > Z_j$ 时,$g_0 = 0$ 表示 y_{ij} 处于非贫困水平。定义一个列向量代表个体 i 忍受的总的贫困维度数,即 $c_i = [g_i^0]$ 如果同时考虑 k 个维度,令 $k = 1, 2, \cdots, n$;p_k 表示考虑 k 个维度时识别贫困的函数。当 $c_i \geq k$ 时,$P_k(y_i; z) = 1$;当 $c_i < k$ 时,$P_k(y_i; z) = 0$。

---

① 马丁·瑞沃林,赵俊超:《贫困的比较》,北京大学出版社 2005 版。

P_k 既受到维度内贫困状况 Z_j 的影响,又受到跨维度贫困状况 c_i 的影响,因此,称之为双重临界值法。

在识别了各维度的贫困状况后,需要对维度贫困进行加总,得出综合衡量指数。Alkire 和 Foster(2008)建议的多维贫困指数为

$$M_0(x,z) = U(g^0(k)) = HA \tag{3-5}$$

式中,M_0 即多维贫困指数,其中 $H = H(x,z) = q/n$,表示贫困发生率;如果 $c_i \geq k$,则 $c_i(k) = c_i$;如果 $c_i < k$,则 $c_i(k) = 0$。$c_i(k)/d$ 表示穷人 i 可能经历贫困的比例,$A = |c(k)|/|qd|$ 表示平均贫困份额。若进一步深入测度多维贫困,还可以用贫困深度和贫困严重性指标进一步对 M_0 进行调整。本书在进行贫困维度加总时可以为不同维度赋予不同的权重,为了简化起见,本节采用均等权重法。

二、湖北农村多维贫困的度量

多维贫困指数可以按照不同维度进行分解,本书测度的包括收入、消费、教育、健康、生活质量和资产 6 个维度,各个维度采用的贫困线均为根据我国实际情况而制定①,具体说明见表 3-8。

表 3-8 多维贫困各维度指标及临界值

维度	指标	临界值
收入	人均收入	人均收入小于国家贫困线,赋值为 1
消费	人均消费	人均消费小于国家贫困线,赋值为 1
教育	教育程度	家庭劳动力平均受教育年限小于 6 且没有受过技能培训的,赋值为 1
	适龄儿童入学	有 7~15 岁儿童辍学,赋值为 1

---

① 吴海涛,丁士军:《贫困动态性:理论与实证》,武汉大学出版社 2013 版。

续表 3-8

维度	指标	临界值
健康	医疗支出	人均医疗支出超出国家贫困线，赋值为 1
	医疗保险	家庭成员超过半数没有参加新型农村医疗保险，赋值为 1
	丧失劳动力人数	家庭劳动力有丧失劳动能力的，赋值为 1
生活质量	做饭燃料	做饭燃料为天然气、电、沼气等清洁能源以外的，赋值为 1
	卫生设施	厕所无冲水设施的，赋值为 1
	饮用水	无深井水、自来水等清洁水源的，赋值为 1
	集市	到集市距离大于 10 公里，赋值为 1
	住房类型	楼房、砖瓦房面积房屋低于房屋总面积一半，赋值为 1
资产	金融资产	存款、股票等金融资产小于国家贫困线，赋值为 1
	耕地	人均耕地面积小于中位数的一半，赋值为 1
	住房面积	人均住房面积小于中位数的一半，赋值为 1
	耐用品	无以下耐用品中任何 2 项：家用汽车、摩托车、助力车、洗衣机、电冰箱（柜）、微波炉、彩色电视机、空调、热水器、消毒碗柜、洗碗机、排油烟机、固定电话、移动电话、计算机、摄像机、照相机、中高档乐器、健身器材、组合音响，赋值为 1

为了综合湖北农村的贫困状况，本书采用前述的多维贫困度量方法对 2005 年、2008 年和 2010 年数据进行估计，结果列于表 3-9、表 3-10、表 3-11 中。对于 2005 年的数据，当考虑 1 个维度的贫困时，贫困发生率为 0.99，即 99% 的农村家庭存在 6 个考察维度中的任意一个维度的贫困，贫困发生份额为 0.17，多维贫困指数为 0.17。在 2 维贫困下，贫困发生率达到 0.37，贫困发生份额达到 0.27，多维贫困指数达到 0.10。当维数增加到 3 时，贫困发生率达到 0.06，贫困发生份额高达 0.49，多维贫困指数为 0.03。当考虑 4 个维度贫困时，贫困发生率仅 0.03，贫困发生份额高达 0.60，多维贫困指数为 0.02。当考虑 5 个维度贫困时，贫困发生率仅 0.01，贫困发生份额高达 0.69，多维贫困指数为接近 0.00。当考虑 6 个维度贫困时，贫困发生率、贫困发生份额和多维贫困指数均为 0，说明在该年度调查的人口中，没有人同时发生 6 个维度的贫困。

表 3-9　2005 年多维贫困测量结果

	多维贫困个体数	贫困剥夺总和	H（多维贫困发生率）	A（平均剥夺份额）	M（多维贫困指数）
$k=1$	1307	1310.83	0.99	0.17	0.17
$k=2$	485	784.18	0.37	0.27	0.10
$k=3$	84	248.90	0.06	0.49	0.03
$k=4$	38	137.15	0.03	0.60	0.02
$k=5$	7	29.18	0.01	0.69	0.00
$k=6$	0	0.00	0.00	0.00	0.00

对于 2008 年的数据，当考虑 1 个维度的贫困时，贫困发生率为 0.99，即 99% 的农村家庭存在 6 个考察维度中的任意一个维度的贫困，贫困发生份额为 0.17，多维贫困指数为 0.16。在 2 维贫困下，贫困发生率达到 0.38，贫困发生份额达到 0.26，多维贫困指数达到 0.10。当维数增加到 3 时，贫困发生率达到 0.06，贫困发生份额高达 0.47，多维贫困指数为 0.03。当考虑 4 个维度贫困时，贫困发生率仅为 0.02，贫困发生份额高达 0.59，多维贫困指数为 0.01。当考虑 5 个维度贫困时，贫困发生率接近 0.00，贫困发生份额高达 0.72，多维贫困指数接近 0.00。当考虑 6 个维度贫困时，贫困发生率、贫困发生份额和多维贫困指数均为 0，说明在该年度调查的人口中，没有人同时发生 6 个维度的贫困。

表 3-10　2008 年多维贫困测量结果

	多维贫困个体数	贫困剥夺总和	H（多维贫困发生率）	A（平均剥夺份额）	M（多维贫困指数）
$k=1$	1305	1301.32	0.99	0.17	0.16
$k=2$	507	801.60	0.38	0.26	0.10
$k=3$	79	225.05	0.06	0.47	0.03
$k=4$	32	112.88	0.02	0.59	0.01
$k=5$	3	12.88	0.00	0.72	0.00
$k=6$	0	0.00	0.00	0.00	0.00

对于2010年的数据，当考虑1个维度的贫困时，贫困发生率为0.98，即98%的农村家庭存在6个考察维度中的任意一个维度的贫困，贫困发生份额为0.19，多维贫困指数为0.18。在2维贫困下，贫困发生率达到0.49，贫困发生份额达到0.28，多维贫困指数达到0.14。当维数增加到3时，贫困发生率达到0.10，贫困发生份额高达0.41，多维贫困指数为0.04。当考虑4个维度贫困时，贫困发生率仅为0.01，贫困发生份额高达0.57，多维贫困指数为0。当考虑的维度增加到5时，贫困发生率、贫困发生份额和多维贫困指数均为0，说明在该年度调查的人口中，没有人同时发生5个和6个维度的贫困。

表3-11　2010年多维贫困测量结果

	多维贫困个体数	贫困剥夺总和	H（多维贫困发生率）	A（平均剥夺份额）	M（多维贫困指数）
$k=1$	1290	1453.2	0.98	0.19	0.18
$k=2$	647	1078.483	0.49	0.28	0.14
$k=3$	133	324.3833	0.10	0.41	0.04
$k=4$	10	34.23333	0.01	0.57	0.00
$k=5$	0	0	0.00	0.00	0.00
$k=6$	0	0	0.00	0.00	0.00

三、不同指标和维度对多维贫困指数的影响程度

表3-12、表3-13、表3-14、表3-15、表3-16、表3-17列示了在考察不同维度贫困数下对应的多维贫困指数以及6个考察维度下各指标分别对总指数的影响程度。对于2005年，当考虑的贫困维度小于3时，生活质量对总贫困的影响程度最大，其影响程度率介于45.59%～61.94%；其次是资产贫困和教育贫困，12.51%～15.46%的总贫困来源于资产贫困，10.11%～15.3%的总贫困来源于教育贫困；6.48%～10.84%的总贫困来源于收入贫困，消费

贫困与之接近，其影响程度率介于5.8%～9.69%；健康贫困对总贫困的影响程度最小，其影响程度率为3.1%～3.15%。而当考虑的贫困维度为3以上时，各维度对总贫困的影响程度比较接近，其中收入、消费和生活质量对总贫困的影响程度率最大，都在25%左右；资产对总贫困的影响程度也超过了10%，而教育的影响程度率也都接近10%。这说明，随着贫困维度的增加，各因素对总贫困的影响程度率趋于均等化。

对于2008年，当考虑的贫困维度小于3时，生活质量对总贫困的影响程度同样最大，其影响程度率介于41.36%～52.37%；其次是资产贫困和教育贫困，20.58%～20.62%的总贫困来源于资产贫困，8.23%～11.73%的总贫困来源于教育贫困；6.46%～10.48%的总贫困来源于收入贫困，消费贫困与之接近，其影响程度率介于6.3%～10.23%；健康贫困对总贫困的影响程度最小，其影响程度率为5.61%～6.04%。而当考虑的贫困维度在3以上时，各维度对总贫困的影响程度差距缩小，其中收入、消费和生活质量对总贫困的影响程度率最大，前两项都在27%左右，生活质量大约为22%；资产对总贫困的影响程度也超过了15%，而教育的影响程度率也都接近8%，随着贫困维度的增加，各因素对总贫困的影响程度率趋于均等化。

对于2010年，当考虑的贫困维度小于3时，生活质量对总贫困的影响程度仍为最大，其影响程度率介于33.5%～42.21%，但所占份额有所下降；紧随其后的两项也发生了变化，为人均收入贫困和资产贫困，27.25%～35.88%的总贫困来源于收入贫困，12.49%～13.62%的总贫困来源于资产贫困；7.23%～8.34%的总贫困来源于收入贫困；健康贫困的影响程度率介于4.76%～5.99%；人均消费贫困对总贫困的影响程度最小，其影响程度率为

3.72%～5.01%。而当考虑的贫困维度在 3 以上时，各维度对总贫困的影响程度差距缩小，其中收入、消费和生活质量对总贫困的影响程度率最大，都在 20% 左右；资产对总贫困的影响程度也超过了 12%，而教育的影响程度率也都接近 9%，同样说明了随着贫困维度的增加，各因素对总贫困的影响程度率趋于均等化。

表 3-12 2005 年各指标对多维贫困指数的影响程度率

	人均收入	人均消费	教育程度	适龄儿童入学	医疗支出	医疗保险	丧失劳动力人数	做饭燃料	卫生设施	饮用水	道路	住房类型	金融资产	耕地	住房面积	耐用用品
k=1	6.48%	5.80%	9.80%	0.31%	0.69%	2.31%	0.15%	14.95%	18.66%	16.20%	10.09%	2.04%	3.85%	4.29%	1.39%	2.98%
k=2	10.84%	9.69%	14.79%	0.51%	0.68%	2.25%	0.17%	11.09%	12.24%	11.22%	8.80%	2.24%	5.32%	4.14%	1.63%	4.37%
k=3	26.92%	24.11%	7.23%	0.40%	0.13%	1.87%	0.40%	5.79%	6.59%	6.19%	4.66%	1.85%	4.82%	3.01%	1.51%	4.52%
k=4	27.71%	26.25%	7.29%	0.00%	0.00%	1.70%	0.49%	5.10%	5.54%	5.25%	4.52%	2.48%	4.74%	2.55%	1.46%	4.92%
k=5	23.99%	23.99%	10.28%	0.00%	0.00%	3.43%	1.14%	4.80%	4.80%	4.80%	4.80%	3.43%	5.14%	1.71%	2.57%	5.14%
k=6	0.00%	0.00%	0.00%	0.00%	0.00%	0.00%	0.00%	0.00%	0.00%	0.00%	0.00%	0.00%	0.00%	0.00%	0.00%	0.00%

表 3-13 2008 年各指标对多维贫困指数的影响程度率

	人均收入	人均消费	教育程度	适龄儿童入学	医疗支出	医疗保险	丧失劳动力人数	做饭燃料	卫生设施	饮用水	道路	住房类型	金融资产	耕地	住房面积	耐用用品
k=1	6.46%	6.30%	8.11%	0.12%	0.82%	4.61%	0.61%	11.34%	17.83%	14.97%	6.72%	1.51%	2.79%	5.19%	1.59%	11.05%
k=2	10.48%	10.23%	11.54%	0.19%	0.79%	4.20%	0.62%	9.33%	12.20%	10.80%	7.16%	1.87%	3.24%	4.99%	1.72%	10.63%
k=3	25.33%	27.11%	6.44%	0.00%	0.00%	2.81%	0.74%	5.33%	6.58%	6.04%	3.20%	1.42%	2.89%	4.11%	1.67%	6.33%
k=4	28.35%	27.46%	6.20%	0.00%	0.00%	1.18%	0.89%	5.32%	5.67%	5.14%	3.01%	1.95%	3.54%	3.99%	0.89%	6.42%
k=5	23.29%	23.29%	11.64%	0.00%	0.00%	0.00%	2.59%	4.66%	4.66%	4.66%	4.66%	3.10%	5.82%	1.94%	3.88%	5.82%
k=6	6.46%	6.30%	8.11%	0.12%	0.82%	4.61%	0.61%	11.34%	17.83%	14.97%	6.72%	1.51%	2.79%	5.19%	1.59%	11.05%

表 3-14 2010 年各指标对多维贫困指数的影响程度率

	人均收入	人均消费	教育程度	适龄儿童入学	医疗支出	医疗保险	丧失劳动力人数	做饭燃料	卫生设施	饮用水	道路	住房类型	金融资产	耕地	住房面积	耐用用品
k=1	27.25%	3.72%	7.16%	0.07%	1.45%	3.97%	0.57%	10.45%	14.84%	11.40%	4.39%	1.13%	2.27%	2.87%	1.53%	6.95%
k=2	35.88%	5.01%	8.25%	0.09%	1.02%	3.21%	0.53%	8.23%	10.81%	9.14%	4.15%	1.17%	2.48%	1.99%	1.39%	6.63%
k=3	37.30%	11.71%	9.25%	0.15%	0.72%	2.57%	0.51%	6.35%	7.95%	6.66%	3.82%	1.36%	1.77%	1.62%	1.85%	6.40%
k=4	23.37%	29.21%	8.76%	0.00%	0.00%	2.92%	0.97%	5.26%	5.84%	4.67%	4.09%	1.75%	2.92%	3.65%	1.46%	5.11%
k=5	0.00%	0.00%	0.00%	0.00%	0.00%	0.00%	0.00%	0.00%	0.00%	0.00%	0.00%	0.00%	0.00%	0.00%	0.00%	0.00%
k=6	0.00%	0.00%	0.00%	0.00%	0.00%	0.00%	0.00%	0.00%	0.00%	0.00%	0.00%	0.00%	0.00%	0.00%	0.00%	0.00%

表 3-15　2005 年不同维度对多维贫困指数的影响程度率

	收入	消费	教育	健康	生活质量	资产
$k=1$	6.48%	5.80%	10.11%	3.15%	61.94%	12.51%
$k=2$	10.84%	9.69%	15.30%	3.10%	45.59%	15.46%
$k=3$	26.92%	24.11%	7.63%	2.40%	25.08%	13.86%
$k=4$	27.71%	26.25%	7.29%	2.19%	22.89%	13.67%
$k=5$	23.99%	23.99%	10.28%	4.57%	22.63%	14.56%
$k=6$	0.00%	0.00%	0.00%	0.00%	0.00%	0.00%

表 3-16　2008 年不同维度对多维贫困指数的影响程度率

	收入	消费	教育	健康	生活质量	资产
$k=1$	6.46%	6.30%	8.23%	6.04%	52.37%	20.62%
$k=2$	10.48%	10.23%	11.73%	5.61%	41.36%	20.58%
$k=3$	25.33%	27.11%	6.44%	3.55%	22.57%	15.00%
$k=4$	28.35%	27.46%	6.20%	2.07%	21.09%	14.84%
$k=5$	23.29%	23.29%	11.64%	2.59%	21.74%	17.46%
$k=6$	6.46%	6.30%	8.23%	6.04%	52.37%	20.62%

表 3-17　2010 年不同维度对多维贫困指数的影响程度率

	收入	消费	教育	健康	生活质量	资产
$k=1$	27.25%	3.72%	7.23%	5.99%	42.21%	13.62%
$k=2$	35.88%	5.01%	8.34%	4.76%	33.50%	12.49%
$k=3$	37.30%	11.71%	9.40%	3.80%	26.14%	11.64%
$k=4$	23.37%	29.21%	8.76%	3.89%	21.61%	13.14%
$k=5$	0.00%	0.00%	0.00%	0.00%	0.00%	0.00%
$k=6$	0.00%	0.00%	0.00%	0.00%	0.00%	0.00%

第三节　湖北农村贫困的影响因素分析

一、模型构建

本研究问题是农村贫困的影响因素，其因变量为家庭是否处于贫困状态，结果有两种，即处于贫困状态和不处于贫困状态。所以被解释变量（Y）是"1/0"型问题，是离散型变量，属于二分类问题，因此适合采用 Logistic 模型进行分析。本书采用 Logistic 模型进行分析农村家庭是否处于贫困的取值范围在[0,1]

范围内。可以将处于贫困状态的农村家庭设为1，将不处于贫困状态的农村家庭设为0。所以采用Logistic模型对农村贫困的影响因素进行分析，建立研究影响农村贫困因素的实证模型[①]。

Logistic回归模型是对定性变量的回归分析，回归模型的表达式为

$$ln(\frac{p_n}{1-p_n}) = c_n = Y = \alpha + \beta_1 x_1 + \beta_2 x_2 + \beta_3 x_3 + \cdots + \beta_n x_n + \mu \quad (3-6)$$

式中，P_n 表示农村家庭为贫困状态的概率 β_n，则 $1-P_n$ 表示不为贫困农村家庭的概率。α 为回归后的常数项，x_n，P_n 表示影响贫困的第 n 个因素，表示第 n 个影响因素回归后的系数，μ 表示误差项。

多元线性函数一般都是柯布-道格拉斯生产函数 $Y = A(t)L^\alpha K^\beta \mu$ 的变形所得，式中：Y 是总产值，At 是综合技术水平，L 是投入的劳动力数（单位是万人或人），K 是投入的资本，α 是劳动力产出的弹性系数，β 是资本产出的弹性系数，μ 表示随机干扰的影响，$\mu \leqslant 1$。根据Cobb-Douglass模型原理结合本书研究重点，确定影响贫困的强度和深度的函数公式为 $Y = A(t) L^\alpha K^\beta \mu^\lambda$。因为影响贫困深度和强度的因素较多，对模型变得之后为：

$$Y = \alpha + \beta_1 x_1 + \beta_2 x_2 + \beta_3 x_3 + \cdots + \beta_n x_n + \mu \quad (3-7)$$

Y 是指贫困的深度或者强度，x_1，x_2，x_3，…，x_n 为其影响因素。

二、变量选择与描述

本节所使用的数据是2005年、2008年和2010年湖北农村实地调研的数据。对影响农村家庭贫困的因素进行研究，贫困的方面包括：收入贫困及其强度

---

① 古扎拉蒂：《计量经济学基础（第五版）》，中国人民大学出版社2011版。

和深度、消费贫困及其强度和深度、食物贫困及其强度和深度,以下各表格是用来描述回归模型中因变量和自变量的选取。

由于本章中从多角度、分年度对贫困的影响因素进行研究,所以模型中的自变量和因变量是分年度整理的,表3-18是描述在2005年回归模型中用到的因变量。2005年中,多维贫困的维度选取的是$k=2$。贫困发生率选取了国定线、1美元线和2美元线作为标准,对其分别赋值为1或者0。1美元线下探讨了收入贫困的深度和强度、食物贫困的深度和强度,2美元下分别讨论了收入、消费、食物贫困的深度和强度。对比各标准线下收入贫困深度的最大值,可以看出国定线下收入贫困的深度最大,为1.88,2美元下收入贫困的收入最小,为1.18。1美元线的收入贫困强度最大值比2美元线的收入贫困强度最大值要大,2美元线的食物贫困深度最大值比1美元线的食物贫困深度最大值要大,关于消费贫困只选取了2美元线的指标。

表3-18　2005年模型中因变量的选取

变量名称	赋值	最大值	最小值	均值	标准差
$k=2$的多维贫困	是=1;否=0	1	0	0.3680	0.4824
国定线是否收入贫困	是=1;否=0	1	0	0.0645	0.2457
国定线收入贫困深度	实际测量值	2.1793	0	0.0188	0.1066
1美元线是否收入贫困	是=1;否=0	1	0	0.5508	0.4976
1美元线收入贫困深度	实际测量值	1.3723	0	0.2066	0.2538
1美元线收入贫困强度	实际测量值	1.8833	0	0.1070	0.1809
1美元线是否食物贫困	是=1;否=0	1	0	0.1593	0.3661
1美元线食物贫困深度	实际测量值	0.7984	0	0.0373	0.1123
2美元线是否收入贫困	是=1;否=0	1	0	0.9150	0.2790
2美元线收入贫困深度	实际测量值	1.1861	0	0.4962	0.2552
2美元线收入贫困强度	实际测量值	1.407	0	0.3113	0.2356
2美元线是否消费贫困	是=1;否=0	1	0	0.2466	0.4312
2美元线消费贫困深度	实际测量值	0.834	0	0.0606	0.1391
2美元线消费贫困强度	实际测量值	0.6956	0	0.0230	0.0732
2美元线是否食物贫困	是=1;否=0	1	0	0.7989	0.4009
2美元线食物贫困深度	实际测量值	0.8992	0	0.2664	0.2177
2美元线食物贫困强度	实际测量值	0.8086	0	0.1183	0.1440

表 3-19 是描述在 2008 年回归模型中用到的因变量。2008 年中，多维贫困的维度选取的是 $k=2$。贫困发生率选取了国定线、1 美元线和 2 美元线作为标准，对其分别赋值为 1 或者 0。1 美元线下探讨了收入贫困的深度和强度、食物贫困的深度，2 美元下分别讨论了收入、消费、食物贫困的深度和强度。对比各标准线下收入贫困深度的最大值，可以看出国定线下收入贫困深度的均值最大，为 2.1595，2 美元下收入贫困收入的均值最小，为 1.2735。1 美元线的收入贫困强度的均值最大值比 2 美元线的收入贫困强度均值的最大值要大，2 美元线的食物贫困深度最大值比 1 美元线的食物贫困深度最大值要大，关于消费贫困只选取了 2 美元线的指标。

表 3-19   2008 年模型中因变量的选取

变量名称	赋值	最大值	最小值	均值	标准差
$k=2$ 的多维贫困	是 = 1；否 = 0	1	0	0.3847	0.4867
国定线是否收入贫困	是 = 1；否 = 0	1	0	0.0637	0.2444
国定线收入贫困深度	实际测量值	2.1595	0	0.0252	0.1307
1 美元线是否收入贫困	是 = 1；否 = 0	1	0	0.2231	0.4165
1 美元线收入贫困深度	实际测量值	1.5470	0	0.0805	0.1975
1 美元线收入贫困强度	实际测量值	2.3933	0	0.0455	0.1557
1 美元线是否食物贫困	是 = 1；否 = 0	1	0	0.0334	0.1797
1 美元线食物贫困深度	实际测量值	0.7222	0	0.0085	0.0566
2 美元线是否收入贫困	是 = 1；否 = 0	1	0	0.6313	0.4826
2 美元线收入贫困深度	实际测量值	1.2735	0	0.2525	0.2771
2 美元线收入贫困强度	实际测量值	1.6218	0	0.1405	0.2143
2 美元线是否消费贫困	是 = 1；否 = 0	1	0	0.0781	0.2685
2 美元线消费贫困深度	实际测量值	0.7158	0	0.0163	0.0735
2 美元线消费贫困强度	实际测量值	0.5124	0	0.0057	0.0359
2 美元线是否食物贫困	是 = 1；否 = 0	1	0	0.2914	0.4546
2 美元线食物贫困深度	实际测量值	0.8611	0	0.0774	0.1581
2 美元线食物贫困强度	实际测量值	0.7415	0	0.0310	0.0856

表 3-20 是描述在 2010 年回归模型中用到的因变量。2010 年中，多维贫困的维度选取的是 $k=2$。贫困发生率选取了国定线、1 美元线和 2 美元线作

为标准,对其分别赋值为1或者0。1美元线下探讨了收入贫困的深度和强度、食物贫困的深度,2美元下分别讨论了收入、消费、食物贫困的深度和强度。对比各标准线下收入贫困深度的最大值,可以看出国定线下收入贫困深度的均值最大,为8.5949,2美元下收入贫困的均值最小,为0.5326。1美元线的收入贫困强度的均值最大值比2美元线的收入贫困强度的均值最大值要大,2美元线的食物贫困深度的均值最大值比1美元线的食物贫困深度的均值最大值要大,关于消费贫困只选取了2美元线的指标。

表3-20 2010年模型中因变量的选取

变量名称	赋值	最大值	最小值	均值	标准差
$k=2$的多维贫困	是=1;否=0	1	0	0.2625	0.4402
国定线是否收入贫困	是=1;否=0	1	0	0.0311	0.1737
国定线收入贫困深度	实际测量值	8.5949	0	0.0242	0.3401
1美元线是否收入贫困	是=1;否=0	1	0	0.1259	0.3319
1美元线收入贫困深度	实际测量值	4.9158	0	0.0489	0.2335
1美元线收入贫困强度	实际测量值	24.1653	0	0.0569	0.8422
1美元线是否食物贫困	是=1;否=0	1	0	0.0121	0.1096
1美元线食物贫困深度	实际测量值	0.5501	0	0.0019	0.0239
2美元线是否收入贫困	是=1;否=0	1	0	0.4651	0.4990
2美元线收入贫困深度	实际测量值	2.9579	0	0.1728	0.2627
2美元线收入贫困强度	实际测量值	8.7492	0	0.0988	0.3518
2美元线是否消费贫困	是=1;否=0	1	0	0.0432	0.2035
2美元线消费贫困深度	实际测量值	0.5326	0	0.0082	0.0475
2美元线消费贫困强度	实际测量值	0.2836	0	0.0023	0.0170
2美元线是否食物贫困	是=1;否=0	1	0	0.2686	0.4434
2美元线食物贫困深度	实际测量值	0.775	0	0.0562	0.1220
2美元线食物贫困强度	实际测量值	0.6007	0	0.0180	0.0544

表3-21是2005年模型中自变量的描述统计,从表中可知,2005年所调查农村家庭的家庭平均年龄为35岁,说明所调查农村家庭的家庭结构比较年轻。家庭平均受教育水平的平均值为0.19,说明农村家庭的受教育水平普遍不高。家庭规模的均值为4,是一个相对比较正常的结构。家庭的劳动力占比

的均值为 3，转移劳动力占比的均值为 0.9，培训劳动力占比的均值为 0.3，非农务工月数的均值为 8.3，说明劳动力转移的程度不大，接受培训的人群不大，非农务工的时间也不是很长。土地面积的均值为 6 亩，生产性固定资产原值的均值为 7.6，说明家庭农业生产方面的资源拥有还可以。家庭从业类型的均值为 2，说明调查农村家庭的从业类型大多数集中在农业兼业户。地形的均值为 1.9，说明所调查农村家庭基本集中在丘陵地区。家庭居住地是否为郊区的均值为 1.8，说明所调查的农村家庭基本都居住在农村。居住地距离市场距离的均值为 2.6，说明所调查农村家庭距离市场的距离集中在 2～10 公里。务工主要地区的均值为 0.6，说明所调查农村家庭外出务工的地点基本集中在东部地区。

表 3-21　2005 年模型中自变量的描述统计

变量名称	赋值	最大值	最小值	均值	标准差
家庭平均年龄	实际测量值	65	17.5	35.3551	9.2139
家庭平均受教育水平	实际测量值	1	0	0.1950	0.3963
家庭规模	实际测量值	9	1	4.0175	1.2126
劳动力占比	实际测量值	6	1	3.0068	1.0365
转移劳动力占比	实际测量值	4	0	0.9044	0.9081
培训劳动力占比	实际测量值	3	0	0.3247	0.6653
非农务工月数	实际测量值	44	0	8.2874	8.8834
土地面积	实际测量值	53	0	6.0472	4.4480
生产性固定资产原值	实际测量值	11.9798	3.912	7.6328	1.1646
家庭从业类型	农业型＝1；农业兼业户＝2；非农业兼业户＝3；非农业户＝4	4	1	2.0865	0.7155
地形	平原＝1；丘陵＝2；山区＝3	3	1	1.9446	0.7905
是否郊区	郊区＝1；非郊区＝2	2	1	1.8460	0.3611
最近市场距离	2 公里以内＝1；2～5 公里＝2；5～10 公里＝3；10～20 公里＝4；20 公里以上＝5	5	1	2.6093	1.1083
务工主要地区	本地＝0；东部地区＝1；中部地区＝2；西部地区＝3	3	0	0.5698	0.6278

表3-22是2008年模型中自变量的描述统计，从表中可知，2008年所调查农村家庭的家庭平均年龄为43岁，说明所调查农村家庭的家庭结构比较成熟。家庭平均受教育水平的平均值为0.16，相比2005年的值更低，说明农村家庭的受教育水平普遍不高。家庭规模的均值为3.97，相比2005年的家庭规模有下降的趋势。家庭的劳动力占比的均值为3，转移劳动力占比的均值为1，培训劳动力占比的均值为0.4，非农务工月数的均值为15，劳动力转移的程度、接受培训的人数、非农务工的时间相比2005年有了明显增长。土地面积的均值为29亩，生产性固定资产原值的均值为7.8，土地总面积与2005年的差距大，可能是两年选取不同的调查地点导致的。家庭从业类型的均值为2，说明调查农村家庭的从业类型大多数集中在农业兼业户。地形的均值为1.9，说明所调查农村家庭基本集中在丘陵地区。家庭居住地是否为郊区的均值为1.8，说明所调查的农村家庭基本都居住在农村。居住地距离市场距离的均值为2.6，说明所调查农村家庭距离市场的距离集中在2～10公里。务工主要地区的均值为0.6，说明所调查农村家庭外出务工的地点基本集中在东部地区。

表3-22　2008年模型中自变量的描述统计

变量名称	赋值	最大值	最小值	均值	标准差
家庭平均年龄	实际测量值	65	17	43.5027	9.1435
家庭平均受教育水平	实际测量值	1	0	0.1578	0.3647
家庭规模	实际测量值	9	1	3.9731	1.2805
劳动力占比	实际测量值	7	1	3.0910	1.0676
转移劳动力占比	实际测量值	5	0	1.0804	1.0221
培训劳动力占比	实际测量值	4	0	0.4340	0.7957
非农务工月数	实际测量值	360	0	15.3143	32.4159
土地面积	实际测量值	1382	0	6.5328	112.6136
生产性固定资产原值	实际测量值	12.4684	3.912	7.8370	1.2180
家庭从业类型	农业型＝1；农业兼业户＝2；非农业兼业户＝3；非农业户＝4	4	1	2.1457	0.7735

续表 3-22

变量名称	赋值	最大值	最小值	均值	标准差
地形	平原＝1；丘陵＝2；山区＝3	3	1	1.9446	0.7905
是否郊区	郊区＝1；非郊区＝2	2	1	1.8460	0.3611
最近市场距离	2公里以内＝1；2～5公里＝2；5～10公里＝3；10～20公里＝4；20公里以上＝5	5	1	2.6093	1.1083
务工主要地区	本地＝0；东部地区＝1；中部地区＝2；西部地区＝3	3	0	0.5698	0.6278

表 3-23 是 2010 年模型中自变量的描述统计，从表中可知，2010 年所调查农村家庭的家庭平均年龄为 43 岁，和 2008 年相比基本一致。家庭平均受教育水平的平均值为 0.16，和 2008 年相比基本一致，说明农村家庭的受教育水平增长不明显。家庭规模的均值为 3.97，相比 2008 年的家庭规模有下降的趋势。家庭的劳动力占比的均值为 3.2，转移劳动力占比的均值为 1.2，非农务工月数的均值为 11，劳动力转移的程度、接受培训的人数相比 2008 年有微弱增长，非农务工的时间相比 2008 年减少很多，说明市场对劳动力需求偏向于饱和状态。土地面积的均值为 6.5 亩，生产性固定资产原值的均值为 7.9，其两者与 2005 年的差距不大。家庭从业类型的均值为 2.2，说明调查农村家庭的从业类型有从农业兼业户向非农业兼业户转变的趋势。地形的均值为 1.9，说明所调查农村家庭基本集中在丘陵地区。家庭居住地是否为郊区的均值为 1.8，说明所调查的农村家庭基本都居住在农村。居住地距离市场距离的均值为 2.6，说明所调查农村家庭距离市场的距离集中在 2～10 公里。务工主要地区的均

值为 0.09，说明所调查农村家庭外出务工的地点绝大部分都集中在东部地区。

表 3-23 2010 年模型中自变量的描述统计

变量名称	赋值	最大值	最小值	均值	标准差
家庭平均年龄	实际测量值	65	17	43.5027	9.1435
家庭平均受教育水平	实际测量值	1	0	0.1578	0.3647
家庭规模	实际测量值	10	1	3.9674	1.3655
劳动力占比	实际测量值	7	0	3.1609	1.1029
转移劳动力占比	实际测量值	6	0	1.1662	1.0327
培训劳动力占比	实际测量值	/	/	/	/
非农务工月数	实际测量值	57.5	0	11.0036	10.3686
土地面积	实际测量值	67.7	0	6.5352	5.3557
生产性固定资产原值	实际测量值	13.0519	3.912	7.9947	1.2893
家庭从业类型	农业型=1；农业兼业户=2；非农业兼业户=3；非农业户=4	4	1	2.2269	0.7992
地形	平原=1；丘陵=2；山区=3	3	1	1.9446	0.7905
是否郊区	郊区=1；非郊区=2	2	1	1.8718	0.3345
最近市场距离	2公里以内=1；2~5公里=2；5~10公里=3；10~20公里=4；20公里以上=5	5	1	2.5956	1.0951
务工主要地区	本地=0；东部地区=1；中部地区=2；西部地区=3	3	0	0.0910	0.3687

三、实证结果与分析

本书以国定线、1 美元线和 2 美元线为标准分别考察了影响农村家庭在收入、消费和食物方面的贫困因素，同时也分析了影响农村家庭多维贫困的因素。但限于本书篇幅，并且国定线下消费和收入贫困的效果非常不好，因此本节只报告出了国定线下影响农村家庭收入贫困因素，1 美元线和 2 美元线下的回归结果请查看附件。

表 3-24 是选择国定贫困线下收入贫困的影响因素回归结果，表中列出了 Logit 模型回归的系数和其边际效应。可以看出，家庭平均年龄对农村家庭成为收入贫困户没有显著影响。家庭平均受教育水平对 2005 年农村家庭成为收入贫困户都存在显著的负向影响，从边际效应看，家庭平均受教育水平每增加 1 年，则对 2005 年农村家庭成为收入贫困户的概率会减少 0.0095。家庭规模对 2005 年和 2008 年农村家庭成为收入贫困户存在显著的正向影响，从边际效应看，家庭规模每增加 1 个单位，则对 2005 年和 2008 年农村家庭成为收入贫困户的概率会增加 0.0321 和 0.0284。劳动力占比对农村家庭成为收入贫困不存在显著影响，转移劳动力占比只有 2008 年对农村家庭成为收入贫困户存在显著的正向影响，转移劳动力每增加一个单位，则农村家庭成为收入贫困户的概率会增加 0.1432。培训劳动力占比对 2008 年农村家庭成为收入贫困户有显著负向影响，每增加 1 单位培训劳动力占比，对农村家庭成为收入贫困户的概率会减少 0.0715。非农务工月数对农村家庭成为收入贫困户不存在显著影响。土地面积对 2005 年和 2008 年农村家庭成为收入贫困户存在显著负向影响，土地每增加 1 亩，对 2005 年农村家庭成为收入贫困户的概率会分别减少 0.0053 和 0.0061。生产性固定资产原值对 2005 年农村家庭成为收入贫困户存在显著的负向影响，即每增加 1 单位的生产性固定资产，对 2005 年农村家庭成为收入贫困户的概率减少 0.0124。以农业型家庭类型为参照组，农业兼业户对 2005 年和 2008 年农村家庭成为收入贫困户存在负向影响，即农业兼业户相比农业型家庭对 2005 年和 2008 年农村家庭成为收入贫困户的概率会减少 0.0353 和 0.0839。非农兼业户对农村家庭成为收入贫困户存在显著的负向影响。非农兼业户相比农业型家庭对 2005 年、

2008年和2010年农村家庭成为收入贫困户分别减少0.1061、0.1488和0.0828。以平原为参照组,所处地形为丘陵对农村家庭成为收入贫困户没有显著影响,山区农村家庭成为收入贫困户的概率明显增加。是否为郊区对农村家庭成为收入贫困户都不存在显著影响。以市场距离2公里以内为参照值,市场距离对农村家庭成为收入贫困户基本都不显著。以本地为参照组,务工地点对农村家庭成为收入贫困户不存在显著影响。

表3-24 国定贫困线标准的收入贫困影响因素回归结果

变量名称	2005年		2008年		2010年	
	系数	边际效应	系数	边际效应	系数	边际效应
家庭平均年龄	−0.0023	−0.0001	−0.0055	−0.0003	0.0225	0.0006
家庭平均受教育水平	−0.1904**	−0.0095**	−0.0347	−0.0018	0.0727	0.002
家庭规模	0.6448***	0.0321***	0.5589***	0.0284***	−0.0348	−0.001
劳动力占比	−0.4096	−0.0204	0.7599	0.0386	−2.2217	−0.0619
转移劳动力占比	−0.9185	−0.0457	2.8219***	0.1432***	0.1555	0.0043
培训劳动力占比	−0.9764	−0.0486	−1.4095*	−0.0715*	0.0000***	0.0000***
非农务工月数	−0.0176	−0.0009	−0.0443	−0.0022	0.0784	0.0022
土地面积	−0.1070**	−0.0053**	−0.1200**	−0.0061**	−0.0565	−0.0016
生产性固定资产原值	−0.2486*	−0.0124*	−0.0663	−0.0034	0.1565	0.0044
家庭从业类型(以农业型为参照组)						
农业兼业户	−0.7081*	−0.0353*	−1.6532***	−0.0839***	−0.6961	−0.0194
非农业兼业户	−2.1306***	−0.1061***	−2.9322***	−0.1488***	−2.9683***	−0.0828***
非农业户	0.7751	0.0386	−2.1932*	−0.1113*	—	—
地形(以平原为参照组)						
丘陵	−0.0405	−0.0020	−0.0371	−0.0019	−0.8769	−0.0244
山区	1.5870***	0.0790***	1.5342***	0.0779***	1.5549***	0.0434***
是否郊区(以郊区为参照组)						
非郊区	0.1382	0.0069	0.0897	0.0046	0.0034	0.0001
最近市场距离(以2公里以内为参照组)						

续表 3-24

变量名称	2005 年		2008 年		2010 年	
	系数	边际效应	系数	边际效应	系数	边际效应
2～5 公里	−0.5746	−0.0286	0.6069	0.0308	−0.3126	−0.0087
5～10 公里	0.0535	0.0027	0.9953**	0.0505**	0.6709	0.0187
10～20 公里	−0.3006	−0.015	0.7468	0.0379	0.6712	0.0187
20 公里以上	0.2075	0.0103	−0.1654	−0.0084	−0.9529	−0.0266
务工主要地区（以本地为参照）						
东部地区	0.8970	0.0447	−0.5503	−0.0279	−1.1278	−0.0314
中部地区	0.3578	0.0178	−0.6419	−0.0326	0.0000***	0.0000***
西部地区	1.4873	0.0741	1.0248	0.0520	0.0000***	0.0000***
常数项	−1.2112	−	−3.9081**	−	−4.738*	−
样本数	1247		1246		1152	
Wald chi2（21）	126.19		107.29		41.78	
Prob > chi2	0.0000		0.0000		0.0012	
Pseudo R2	0.2388		0.2158		0.191	

表 3-25 是选择国定贫困线下收入贫困深度的影响因素回归结果，表中显示的结果可以看出回归的效果不是很好，但还是能说明部分问题。家庭基本特征的变量都不显著，家庭从业类型有部分变量显著，2008 年家庭类型对农村家庭的收入贫困深度有显著的负向影响，以农业型家庭为参照组，另外三组相比农业型家庭对农村家庭的收入贫困深度分别减少 0.0225、0.0217 和 0.0243。家庭所处地形对农村家庭的收入贫困深度也不存在显著影响，2010 年家庭是否为郊区对农村家庭的收入贫困深度存在显著的正向影响，非郊区比郊区对农村家庭的收入贫困深度会增加 0.901。市场距离基本上对农村家庭的收入贫困深度都没有显著影响，但 2005 年和 2008 年的市场距离对农村家庭的收入贫困深度有正向关系。务工地区对农村家庭的收入贫困深度有负向影响，但基本上都不显著。

表 3-25　国定贫困线标准的收入贫困深度影响回归结果

变量名称	2005年		2008年		2010年	
	系数	标准误差	系数	标准误差	系数	标准误差
家庭平均年龄	0.0003	0.0005	−0.0016	0.0013	−0.0003	0.0054
家庭平均受教育水平	−0.0021	0.0014	−0.0054	0.0043	0.0677	0.0566
家庭规模	0.0069	0.0057	−0.0021	0.0058	0.0274	0.086
劳动力占比	−0.0199	0.0211	0.0129	0.0273	0.6497	0.4917
转移劳动力占比	−0.0164	0.0198	0.0095	0.0214	0.4426	0.558
培训劳动力占比	−0.0526	0.0397	−0.0151	0.0167	/	/
非农务工月数	0.0019	0.0021	0.0001	0.0001	−0.0071	0.0123
土地面积	−0.0011	0.0011	0.0000	0.0000	0.0018	0.0155
生产性固定资产原值	−0.0015	0.0022	0.0052	0.0051	0.1044	0.0716
家庭从业类型（以农业型为参照组）						
农业兼业户	−0.0304	0.031	−0.0519**	0.0225	0.0489	0.2516
非农业兼业户	−0.0446	0.0356	−0.0510**	0.0217	−0.1012	0.2037
非农业户	−0.0204	0.0376	−0.0500**	0.0243	−0.1187	0.1894
地形（以平原为参照组）						
丘陵	0.0053	0.011	−0.0086	0.0138	−0.1306	0.1977
山区	0.0031	0.0065	−0.0005	0.0131	−0.089	0.1028
是否郊区（以郊区为参照组）						
非郊区	−0.0235	0.0293	0.0086	0.0097	0.1499*	0.0901
最近市场距离（以2公里以内为参照组）						
2~5公里	0.0071	0.0172	0.0068	0.0053	−0.0035	0.0325
5~10公里	0.0068	0.011	0.0262*	0.0144	0.4021	0.2452
10~20公里	0.0027	0.0105	0.0183	0.0125	−0.0447	0.0426
20公里以上	0.0292*	0.0162	0.0071	0.0119	0.0017	0.035
务工主要地区（以本地为参照）						
东部地区	0.0102	0.0189	−0.0093	0.0092	−0.1034	0.1268
中部地区	−0.0027	0.0227	−0.014*	0.0074	−0.1636	0.1116
西部地区	−0.014	0.0271	0.0033	0.0263	/	/
常数项	0.0506	0.0361	0.107	0.1104	−2.1127*	1.2584
样本数	1247		1246		1213	
Prob > F	0.0852		0.0275		1.0000	
R-squared	0.0241		0.0248		0.0161	

表 3-26 为国定贫困线标准的收入贫困强度的影响因素回归结果，由表可知，家庭平均年龄对农村家庭收入贫困强度不存在显著影响，但存在正相关。家庭平均受教育水平对 2005 年和 2008 年农村家庭收入贫困强度存在负向关

系，对2010年存在正向关系但是只有2005年存在显著关系，家庭平均受教育水平每增加1年，则农村家庭收入贫困强度就会减少0.0025。家庭规模对农村家庭收入贫困强度都存在正向关系，但是只有2005年是显著的，表明家庭规模每增加1个单位，农村家庭收入贫困强度就会增加0.0104。劳动力占比、转移劳动占比、培训劳动力占比和非农务工月数对农村家庭收入贫困强度不存在显著影响，土地面积对农村家庭收入贫困强度存在负向关系，但只有2005年是显著的，表明土地面积每增加1单位，对2005年农村家庭收入贫困强度就会减少0.0012，说明农业增产会减少贫困的强度。生产性固定资产原值对2005年农村家庭收入贫困强度存在负向关系，对2008年和2010年农村家庭收入贫困强度存在正向关系，但是只有2005年是显著的，表明生产性固定资产原值每增加1单位，则2005年农村家庭收入贫困强度就会减少0.0048。家庭从业类型以农业型为参照，其他类型对农村家庭收入贫困强度基本上呈现负向关系，2005年中非农兼业户相比农业型家庭对农村家庭收入贫困强度会减少0.0417，2008年中农业兼业户、非农业兼业户和非农业户相比农业户对农村家庭收入贫困强度分别减少0.0504、0.0606和0.0442。地形对农村家庭收入贫困强度存在正向关系，但是只有山区才是显著的，说明丘陵和山区相对于平原地区农村家庭收入贫困的强度会更大。是否为郊区对2005年和2008年农村家庭收入贫困强度存在负向关系，但并不显著，2008年非郊区相对于郊区对农村家庭收入贫困强度存在正向关系，并且显著。2005年市场距离对农村家庭收入贫困强度不存在显著关系，2008年市场距离对农村家庭收入贫困强度存在负向的显著关系，2010年只有距离市场为5~10公里的才对农村家庭收入贫困强度呈现正向的显著关系。2005年务工地点对农村家庭收入贫困强度没有显著影响,2008年东部地区对农村家庭收入贫困强度存在负向的显著影响,2010年中部地区对农村家庭收入贫困强度存在负向显著影响。

表3-26　国定贫困线标准的收入贫困强度影响因素回归结果

变量名称	2005年		2008年		2010年	
	系数	标准误差	系数	标准误差	系数	标准误差
家庭平均年龄	0.0004	0.0004	-0.0008	0.0007	0.0006	0.0008
家庭平均受教育水平	-0.0025**	0.0012	-0.0026	0.0026	0.0091	0.0069
家庭规模	0.0104***	0.004	0.0043	0.004	0.0046	0.015
劳动力占比	-0.0085	0.0207	0.0231	0.0249	0.0548	0.071
转移劳动力占比	-0.0181	0.0241	0.0299	0.0215	0.0663	0.0936
培训劳动力占比	-0.0300	0.0216	-0.0141	0.016	/	/
非农务工月数	0.0006	0.0011	0.0000	0.0001	-0.0003	0.0022
土地面积	-0.0012*	0.0007	0.0000	0.0000	-0.0006	0.002
生产性固定资产原值	-0.0048*	0.0025	0.0004	0.0037	0.0161	0.011
家庭从业类型（以农业型为参照组）						
农业兼业户	-0.0203	0.0154	-0.0504***	0.0156	-0.0075	0.0412
非农业兼业户	-0.0417**	0.0177	-0.0606***	0.0164	-0.0371	0.0363
非农业户	0.0047	0.035	-0.0442*	0.0228	-0.0419	0.0334
地形（以平原为参照组）						
丘陵	0.0039	0.0066	0.0000	0.0091	-0.0195	0.0265
山区	0.0229***	0.0075	0.0293***	0.01	-0.0033	0.0157
是否郊区（以郊区为参照组）						
非郊区	-0.0033	0.0142	-0.0015	0.0126	0.0234*	0.0135
最近市场距离（以2公里以内为参照组）						
2～5公里	-0.0077	0.011	0.0114	0.0074	-0.0036	0.0068
5～10公里	-0.0022	0.0100	0.0253**	0.0109	0.0566*	0.0337
10～20公里	-0.0045	0.0101	0.0205*	0.0114	-0.0091	0.0093
20公里以上	0.0356	0.0230	0.0074	0.0184	-0.0119	0.0094
务工主要地区（以本地为参照）						
东部地区	0.0177	0.0147	-0.0188*	0.0106	-0.0111	0.0227
中部地区	0.0118	0.0160	-0.0206	0.0128	-0.0305**	0.0152
西部地区	0.0068	0.0212	0.0262	0.0416	/	/
常数项	0.0451	0.0353	0.0626	0.0632	-0.2917	0.1795
样本数	1247		1246		1213	
Prob > F	0.0002		0.0000		0.8565	
R-squared	0.0606		0.0448		0.0181	

表 3-27 是选择了维度为 $k=2$ 的多维贫困影响因素的回归结果,表中列出了 Logit 模型回归的系数和其边际效应。可以看出,家庭平均年龄对 2005 年和 2008 年农村家庭成为多维贫困户有显著的正向影响,却对 2010 年有负向影响,但不显著,从边际效应看,家庭平均年龄每增加 1 年,2005 年和 2008 年农村家庭成为多维贫困户的概率分别增加 0.0029 和 0.0028。家庭平均受教育水平对农村家庭成为多维贫困户都存在显著的负向影响,从边际效应看,家庭平均受教育水平每增加 1 年,则对 2005 年、2008 年和 2010 年农村家庭成为多维贫困户的概率会分别减少 0.0841、0.0641 和 0.0657。家庭规模对 2005 年和 2008 年农村家庭成为为多维贫困户存在显著的正向影响,对 2010 年农村家庭成为为多维贫困户存在显著的负向影响,从边际效应看,家庭规模每增加 1 个单位,则对 2005 年和 2008 年农村家庭成为多维贫困户的概率会增加 0.0571 和 0.0255,对 2010 年农村家庭成为多维贫困户的概率减少 0.0368。劳动力占比对农村家庭成为多维贫困不存在显著影响,转移劳动力占比只有 2008 年对农村家庭成为多维贫困户存在显著的正向影响,转移劳动力每增加一个单位,则农村家庭成为多维贫困户的概率会增加 0.2597。培训劳动力占比对农村家庭成为多维贫困户没有显著影响。非农务工月数只对 2008 年农村家庭成为多维贫困户存在显著负向影响,即每增加 1 个月的非农务工时间,农村家庭成为多维贫困户的概率会减少 0.002。土地面积对 2005 年和 2008 年农村家庭成为多维贫困户存在显著影响,土地每增加 1 亩,对 2005 年农村家庭成为多维贫困户的概率会减少 0.0148,对 2008 年农村家庭成为多维贫困户的概率增加 0.0003。生产性固定资产原值对农村家庭成为多维贫困户都存在显著的负向影响,即每增加 1 单位的生产性固定资产,对 2005 年、

2008年和2010年农村家庭成为多维贫困户的概率分别减少0.0607、0.0607和0.043。以农业型家庭类型为参照组,其他各类家庭对农村家庭成为多维贫困户存在负向影响,从边际效应看,其他三类家庭相比农业型家庭,农村家庭成为多维贫困户的概率明显降低。以平原为参照组,所处地形为丘陵或者山区对农村家庭成为多维贫困户存在正向影响,从边际效应看,丘陵和山区农村家庭成为多维贫困户的概率明显增加。是否为郊区对农村家庭成为多维贫困户都存在显著的正向影响,从边际效应看,非郊区相比郊区对2005年、2008年和2010年农村家庭成为多维贫困户的概率分别增加0.0892、0.0887和0.1374。以市场距离2公里以内为参照值,市场距离对农村家庭成为多维贫困户基本都存在正向影响,但并不显著。以本地为参照组,2005年务工地点为西部对农村家庭成为多维贫困户有显著的正向影响,即西部务工比本地务工农村家庭成为多维贫困户的概率会增加0.3027;2008年务工地点为东部对农村家庭成为多维贫困户有显著的负向影响,即东部务工比本地务工农村家庭成为多维贫困户的概率会减少0.0892;2010年务工地点为中部对农村家庭成为多维贫困户存在显著的正向影响,即中部务工相比本地务工的农村家庭成为多维贫困户的概率会增加0.1147。

表 3-27 多维贫困影响因素回归结果（$k=2$）

变量名称	2005 年		2008 年		2010 年	
	系数	边际效应	系数	边际效应	系数	边际效应
家庭平均年龄	0.0181*	0.0029	0.0159*	0.0028	−0.0061	0.0015
家庭平均受教育水平	−0.5294***	−0.0841	−0.3687***	−0.0641	−0.5109***	−0.0657
家庭规模	0.3595***	0.0571	0.1464**	0.0255	−0.286***	−0.0368
劳动力占比	0.2589	0.0412	0.0363	0.0063	−0.693	−0.0892
转移劳动力占比	−0.6373	−0.1013	1.4927***	0.2597	0.1882	0.0242
培训劳动力占比	−0.5294	−0.0841	−0.4335	−0.0754	—	—

续表 3-27

变量名称	2005 年		2008 年		2010 年	
	系数	边际效应	系数	边际效应	系数	边际效应
非农务工月数	0.0091	0.0014	−0.0116***	−0.002	0.0128	0.0017
土地面积	−0.0934***	−0.0148	0.0015*	0.0003	−0.0005	−0.0001
生产性固定资产原值	−0.3818***	−0.0607	−0.3898***	−0.0678	−0.3342***	−0.043
家庭从业类型（以农业型为参照组）						
农业兼业户	−0.2873	−0.0457	−0.3247*	−0.0565	−0.677***	−0.0871
非农业兼业户	−0.5048*	−0.0802	−0.3217	−0.056	−0.7229***	−0.093
非农业户	−0.1089	−0.0173	−1.2805	−0.2228	0.3225	0.0415
地形（以平原为参照组）						
丘陵	0.0776	0.0123	0.6517***	0.1134	0.4968**	0.0639
山区	1.2454***	0.1979	1.7349***	0.3019	1.751***	0.2253
是否郊区（以郊区为参照组）						
非郊区	0.5613***	0.0892	0.5101**	0.0887	1.0681***	0.1374
最近市场距离（以2公里以内为参照组）						
2～5 公里	0.0959	0.0152	0.1623	0.0282	0.4375*	0.0563
5～10 公里	−0.0272	−0.0043	0.051	0.0089	0.2586	0.0333
10～20 公里	0.0849	0.0135	0.2959	0.0515	0.3159	0.0406
20 公里以上	0.4249	0.0675	0.0481	0.0084	0.7346*	0.0945
务工主要地区（以本地为参照）						
东部地区	0.2088	0.0332	−0.5125**	−0.0892	0.3487	0.0449
中部地区	−0.065	−0.0103	−0.0262	−0.0046	0.8919*	0.1147
西部地区	1.9043**	0.3027	−0.4907	−0.0854	—	—
常数项	3.9109***	—	3.109***	—	5.6558***	—
样本数	1247		1246		1213	
Prob > chi2	0.000					
Pseudo R2	0.2655		0.2178		0.2756	

第四节　本章小结

湖北农村居民人均纯收入大幅提高，从 2005 年人均收入为 3199 元增长到 2010 年的 6193 元。利用国定贫困线、1 美元线和 2 美元线度量的 3 个贫困指标在 2005 年、2008 年和 2010 年 3 个调查年份表现出持续下降的趋势，但是国定线和 1 美元线度量时，部分指标呈现上下波动的趋势。这说明收入的增长可能没有完全惠及贫困的人口，预示着湖北农村的收入差距变化较大。采用 2 美元线度量结果则呈现贫困发生率、贫困深度和贫困严重性持续下降。由此可见，收入贫困的度量对贫困线的选择是很敏感的，采用不同的贫困线度量结果会呈现出差异，并且趋势不一。选择高贫困线度量贫困会和收入呈现相似的变动趋势，而采用低贫困线度量则关注收入最低的人口和家庭，其贫困发生的状况并不一定和收入变化呈现相似的趋势。

当采用国定贫困线、1 美元线和 2 美元线分别考察 2005 年、2008 年和 2010 年农村家庭收入贫困、消费贫困和食物贫困发生状况。结果显示：农村家庭收入贫困与消费贫困的发生率较高，食物贫困发生率较低；农村家庭贫困经历的度量结果对贫困线是敏感的，贫困线越高，农村家庭贫困的经历更频繁。接着，本节在湖北农村实地调研数据的基础上，应用 Alkire 和 Foster 提出多维贫困的测度方法，对湖北农村家庭贫困进行进一步度量和分析。对于被调查年份，当考虑的贫困维度小于 3 时，生活质量对总贫困的影响程度通常最大，其次是资产贫困和教育贫困，总贫困中来源于收入贫困的比例与消费贫困接近，其影响程度率均在 10% 以内，通常健康贫困对总贫困的影响程度最小。而当考虑的贫困维度为 3 以上时，各维度对总贫困的影响程度度比较接近，其中收入、消费和生活质量对总贫困的影响程度率最大，都在 25% 左右；资产对总贫困的影响程度也超过了 10%，而教育的影响程度率也都接近 10%。这说明，随着贫困维度的增加，各因素对总贫困的影响程度率趋于均等化。总体来看，生活质量贫困、资产贫困和教育贫困是当前湖北农村贫困缓解中迫切需要解决的方面，需要采取切实政策措施促进农村教育水平和农民收入水平等的提高。

本章利用数据是2005年、2008年和2010年湖北农村实地调研的数据，运用Logit模型对影响农村家庭贫困的因素进行研究，根据数据的实际情况，被解释变量选取了收入贫困发生率及其强度和深度、消费贫困发生率及其强度和深度、食物贫困发生率及其强度和深度，解释变量涉及家庭基本变量、家庭资产变量、家庭属地特征变量等，以求探索影响贫困的因素及这些因素对贫困影响的程度。

取 $k=2$ 时的多维贫困影响因素分析的结果表明，2005年家庭成员平均年龄、家庭规模以及地形都对多维贫困有着显著的正向影响，家庭平均受教育水平、土地面积、生产性固定资产原值和家庭从业类型都对多维贫困有着显著的负向影响；2008年家庭平均年龄、家庭规模、土地面积和地形都对多维贫困有着正向影响，家庭平均受教育水平、非农务工月数、生产性固定资产原值、家庭从业类型都对多维贫困有着负向影响；2010年地形、是否郊区、离市场最近距离对多维贫困有着正向影响，家庭平均受教育水平、家庭规模、生产性固定资产原值、家庭类型对多维贫困有着负向影响。

2005年、2008年和2010年收入贫困的回归结果表明，在国定线下，家庭平均受教育水平、土地面积、生产性固定资产原值、农业兼业户、非农业兼业户和培训劳动力占比对农村家庭收入贫困发生率产生负向影响，而家庭规模、转移劳动力占比、山区和非郊区对农村家庭收入贫困发生率产生正向影响。表中显示的结果可以看出回归的效果不是很好，但还是能说明部分问题。

家庭基本特征的变量都不显著，家庭从业类型有部分变量显著，2008年家庭类型对农村家庭的收入贫困深度有显著的负向影响，家庭所处地形对农村家庭的收入贫困深度也不存在显著影响，市场距离基本上对农村家庭的收入贫困深度都没有显著影响。家庭平均年龄对农村家庭收入贫困强度不存在显著影响，但存在正相关。劳动力占比、转移劳动占比、培训劳动力占比和非农务工月数对农村家庭收入贫困强度不存在显著影响，土地面积对农村家庭收入贫困强度存在负向关系，但只有2005年是显著的。家庭从业类型以农业型为参照，其他类型对农村家庭收入贫困强度基本上呈现负向关系，地形对农村家庭收入贫困强度存在正向关系，但是只有山区才是显著的，非郊区相对于郊区对农村家庭收入贫困强度存在正向关系，市场距离对农村家庭收入贫困强度存在负向的显著关系。

第四章
湖北农村收入不均等状况

第一节 收入不均等度量方法

一、洛仑兹曲线

洛仑兹曲线在测度收入不平等的问题上占据重要的作用，1905年洛仑兹曲线被Lorenz发现，主要运用了人口累计比例和收入累计比例的相互关系来共同描述收入不均等的问题，在此基础上引申了很多其他的测量方法。在直角坐标系里面来刻画洛仑兹曲线，横轴代表人数积累比重，纵轴代表收入积累比重。对于一组收入和人口统计的数据，根据收入增长的顺序来计算人口的增长累计值和收入增长的累计值。然后把这两个值用散点图的形式绘制在直角坐标系中，散点图连起来的曲线就是洛仑兹曲线。图4-1就是洛仑兹曲线，OA代表人口累计的比例值，OC代表收入累计的比例值，曲线L（X）就是洛仑兹曲线，OB 代表收入绝对的平均线。当曲线 L（X）越是接近 OB 时，说明社会的收入分配越均匀；当曲线 L（X）越是远离 OB 时，说明社会的收入分配越是不均匀。

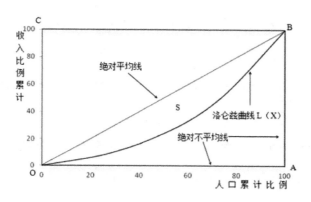

图 4-1　洛仑兹曲线示例

洛仑兹曲线的特点就是能够清晰简单地把不均等程度展现出来，刻画洛仑兹曲线也比较方便，但是不足之处就是用两个面积之比来度量不均等程度的计算难度较大。并且，在同一个直角坐标系中，当出现两条交叉的洛仑兹曲线时，不能直观得出那条曲线的不均等程度更大。所以，进一步获取明确的量化指标是研究收入不均等的必要条件。

二、不均等测度指标的基本原则

收入不均等的指标大致可以分为两种，即绝对指标和相对指标，这两种指标都能在一定程度上描绘收入不均等的问题，但各自都存在一定的局限性。通常意义上，比较完善的测度指标应包含以下几个特点：第一，指标的对称性。样本观测值的位置对指标数值应该是没有影响的。第二，样本的可加性。数据样本的增加不会改变指标的大小。比如,样本观测值为 50 的数据,将其观测值全部复制一遍,增加到样本量为 100 的数据,最后核算出的不均等指标是一样的。第三,福利的转移性。在一个收入数据中,如果收入较高者将一部分收入转移给收入较低者,则此收入数据所反映的收入不均等差距应该减小。第四,数据的齐次性。数据同比例运算后,其指标值应该是不变的。第五,信息的完全性。因为洛仑兹曲线代表着收入不均等的状况,所以不同的洛仑兹曲线所表示的意义也就不同,指标最好能够全面地包含刻画这种关系的信息。第六,指标的可分解性。比较好的指标一定可以根据数据的性质来进行分组或者要素分解。以上这些都是适用于相对指标。

三、不均等的绝对指标与"泛"绝对指标

对于收入不均等程度的计算可以运用一些绝对指标,这些指标相当于是对数据的离散程度进行表述,离散程度越大,则收入不均等的程度也就越高。

(一)极值差(R_m)和极值比(MMR)

在数据分析中,对于两个绝对值的差值和比值使用得较多。但是,其使用方法具有局限性,当样本数量非常大时,两个绝对值间的计算比较复杂,寻找数据规律的难度也会增加。经常采用先找出最大值和最小值,再来求出它们的差值和比值。极值差和极值比能够较好地表达收入不均等的差异,但也存在局限性。特别是极值差在表达动态的不均等时,比如,高收入群体的收入提高了 10%(从 8000 元提高到 8800 元),与此同时,低收入群体的收入提高了 15%(从 4000 元提高到 4600 元),从直观上而言,收入不均等的

差距是减小了，但是极值差计算出来的数值从 4000 元提高至 4200 元。此外，极值比尽管已经是无量纲的值，但是计算出的结果不能反映数据的全部信息。

（二）标准差（S）

标准差一般是计算数据离散程度，其表达式为

$$S=\sqrt{\frac{\sum_{i=1}^{n}(z_i-\mu)^2}{n}}=\sqrt{\sum_{i=1}^{n}p_i(z_i-\mu)^2} \quad (4-1)$$

式中，z 表示各个收入的数值，u 是收入的平均值，n 代表全部的样本数量，P_i 表示第 i 组人口数量占总人口数量的比值。由于标准差没有上限，在比较收入不均等时难以设定衡量标准。此外，标准差不是无量纲的，一旦单位变换后，其数值变化较大。

（三）变异系数（CV）

标准差的使用受限于其量纲的关系，为了解决其问题，利用标准差和均值求出变异系数，其计算表达式是

$$CV = S / \mu \quad (4-2)$$

以上有些是已经无量纲化的指标，比如极值比和变异系数等。这些指标是建立在绝对意义上的，但并没有包含全部信息，我们将这些指标叫做"泛"绝对指标。相对指标相比于绝对指标更加复杂，但是使用的范围更广。

（四）基尼系数的原理和应用

基尼系数是建立在洛仑兹曲线的基础上，以图 4-1 为例，基尼系数的值可以由 S 的面积和三角形 OAB 的面积比得出，其表达式为

$$G = 2S = 1 - 2\int_0^1 L(X)\,dx \qquad (4-3)$$

基尼系数的取值范围在 0 到 1 区间。当基尼系数的值为 0 时，其意义为样本中收入不存在差异；在基尼系数为 1 时，其意义是样本中的收入是完全不均等的；基尼系数的值小于 0.2 时，其意义为收入的均等化程度较高；当为 0.2～0.3 时，样本中的收入均等化程度相对较高；当基尼系数的值在 0.3～0.4 之间时，收入不均等处于可以接受的范围内；若基尼系数的值大于 0.4 时，其意义为收入不均等的程度太大。

基尼系数的特点是能够按照不同收入来源和不同要素性质来分解研究。但同时也存在一些问题：第一，基尼系数对收入层次较高的群体更为敏感，这样就会影响到基尼系数的准确性。第二，尽管基尼系数由洛仑兹曲线延伸而来，但是没有强洛仑兹一致性的特征，一样的基尼系数可以和多条洛仑兹曲线对应。第三，基尼系数在进行分解研究时，组内基尼系数与组间基尼系数的和不同于总体的基尼系数。

（五）泰尔指数（Theil）的原理及应用

泰尔指数（Theil）是由广义熵指数（GE）引申而来，熵指数一般被叫为平均信息量。泰尔指数的特点是研究者可以根据研究需求，将总的不平等分解研究，比如可以根据区域、性别等多方面进行分解，进而来讨论各分组间和分组内的不平等影响程度。其表达式为

$$Theil\text{-}L = T_w + T_b = \sum_{g=1}^{G} p_g \left(\sum_{i=1}^{ng} p_{ig} \log \frac{\bar{z}_g}{z_{ig}} \right) + \sum_{g}^{G} p_g \log \frac{\mu}{z_g} \qquad (4-4)$$

式中，T_W 的含义为组内不平等，T_b 的含义为组间不平等，这两个数值都是通过加权得到的。G 表示样本的分组数，P_g 的含义是第 g 组人口占总人口的比值，Z_g 的含义是第 g 组人口的收入均值，Z_{ig} 的含义是第 g 组内第 i 个对象的收入，P_{ig} 的含义是第 g 组内第 i 个对象的人口占 g 组总人口的比值。一般来看，基尼系数更多的是被用来探究要素影响收入不均等问题，而泰尔指数更多的是探究组内和组间不均等的差异。

第二节 湖北农村收入状况

一、数据来源的基本情况

分析数据来源于洛克菲勒基金资助项目（项目编号：2005 SE 003）"Improving the Food Security of Upland Communities in Southern Yunnan"（提高中国南部山区农村家庭的粮食保障）和国家自然科学基金项目"山区农村家庭生计转型及其影响因素研究"收集的农村家庭调查数据、村访谈、典型农村家庭访谈和二手统计数据。课题组于 2005 年、2008 年和 2010 年在湖北农村进行实地调研获取的农村家庭数据，该农村家庭调查数据涉及湖北省除鄂州市和神农架林区以外的所有市/州。在 3 个调查年度，课题组依据市/州的人口数量在每个市/州选取 1～4 个具有代表性的县，从抽取的县中随机选取 5 个村，在每个村随机调查农村家庭 10 户左右，每个年度调查 33 个县、165 个村、1650 左右个农村家庭，通过比对，获得 3 个年度连续调查农村家庭 1318 户，调查样本分布如表 4-1。调查内容主要包括以下方面：村级层面的基本概况、农村家庭人口信息、家庭自然资源拥有情况、家庭生产性固定资产、家庭物质资产情况、家庭农业生产情况、家庭农业生产投资情况、家庭粮食消费情况、家庭总收入、家庭总支出、家庭日常生活消费、家庭教育支出、家庭保险支出、家庭税费支出等（见表4-2）。

表4-1 湖北省农村家庭调查样本分布

地区	样本数	比重	地区	样本数	比重
武汉市黄陂区	47	3.57%	荆州市监利县	32	2.43%
武汉市新洲区	43	3.26%	荆州市松滋市	31	2.35%
黄石市阳新县	36	2.73%	黄冈市黄州区	19	1.44%
十堰市郧县	28	2.12%	黄冈市罗田县	50	3.79%
十堰市房县	42	3.19%	黄冈市浠水县	46	3.49%
宜昌市夷陵区	32	2.43%	黄冈市黄梅县	45	3.41%
宜昌市秭归县	33	2.50%	咸宁市通城县	47	3.57%
宜昌市当阳市	47	3.57%	咸宁市赤壁市	42	3.19%
宜昌市枝江市	46	3.49%	随州市曾都区	50	3.79%
襄樊市襄阳区	44	3.34%	随州市广水市	47	3.57%
襄樊市谷城县	35	2.66%	恩施市	41	3.11%
襄樊市保康县	37	2.81%	利川市	38	2.88%
荆门市沙洋县	27	2.05%	鹤峰县	28	2.12%
荆门市钟祥市	48	3.64%	仙桃市	55	4.17%
孝感市云梦县	36	2.73%	潜江市	45	3.41%
孝感市汉川市	29	2.20%	天门市	50	3.79%
荆州市公安县	42	3.19%	合计	1318	100.00%

表4-2 湖北农村实地调研数据调查内容

调查模块	具体内容
农村家庭基本情况	调查样本数、年末生产性固定资产的拥有情况、年内住户固定资产投资完成额、年末主要耐用消费品拥有情况
农村家庭居住情况	年末住房情况、年内新建或新购房屋情况、年内新建或新购房屋资金来源、年内房屋建设情况、家庭居住情况
农村家庭总收入和总支出	家庭总收入情况、家庭总支出情况
农村家庭可支配收入来源结构	工资性收入、家庭经营收入、财产性收入、转移性收入

续表 4-2

调查模块	具体内容
农村家庭现金收入情况	年内现金收入、非现金所得、期内现金支出、非消费性支出、年末金融资产余额、期末债务余额
农村家庭食物消费情况	粮食消费量、油脂类消费量、烟叶消费量、豆制品、蔬菜及材制品消费量、瓜类、水果类、消费茶叶、坚果消费量、肉禽及其制品、蛋类及蛋制品、奶及奶制品、水产品、食糖、酒
被调查农村家庭所在村基本情况	被调查村地势情况、被调查村人口情况、被调查村土地资源情况、被调查村所属企业发展情况、社会发展情况
被调查家庭农村家庭人口与劳动力情况	农村家庭人口基本情况、农村家庭劳动力素质状况

二、湖北农村家庭的基本情况

（一）农村家庭基本特征

1. 农村家庭居住地特征

本书所用的数据选取了湖北省 2005 年、2008 年和 2010 年这 3 年的数据，每年的数据都是 1318 户，其中，平原地区农村家庭共有 453 户，占全部调查农村家庭的 34%；丘陵地区农村家庭共有 516 户，也占到了全部调查农村家庭的 39%；山地地区农村家庭共有 349 户，占到全部调查农村家庭的 26%。由以上可知，被选取的调查农村家庭基本上比较平均地分布在各地区间，所以样本的选取相对比较恰当。

本书也考察了被调查农村家庭所居住的地方离所在乡政府的距离。从表 4-3 可知，2005 年中农村家庭居住地与乡镇府距离小于 2 公里的农村家庭有 223 户，占到全部样本的 18%；农村家庭居住地与乡镇府距离大于 2 公里小于 5 公里的有 428 户，占到全部样本的 32%；农村家庭居住地与乡镇府距离大于 5 公里小于 10 公里的有 346 户，占到全部样本的 26%；农村家庭居住地与乡镇府距离大于 10 公里小于 20 公里的有 247 户，占到全部样本的 19%；农村家庭居住地与乡镇府距离大于 20 公里的农村家庭共有 74 户，占到全部样本的 6%。在 2008 年样本中农村家庭居住地与乡镇府距离小于 2 公里共有 210 户，占到了全部样本的 16%；农村家庭居住地与乡镇府距离大于 2 公里小于 10 公里的农村家庭共有 810 户，占到全部样本的 61%；农村家庭居住地与乡镇府距离大于 10 公里的农村家庭有 298 户，占到全部样本的 23%。在 2010 年样本中农村家庭居住地与乡镇府距离小于 2 公里共有 211 户，占到了全部样本的 16%；农村家庭居住地与乡镇府距离大于 2 公里小于 10 公里的农村家庭共有 825 户，占到全部样本的 63%；农村家庭居住地与乡镇府距离大于 10 公里的农村家庭有 282 户，占到全部样本的 22%。可以看出，被调查农村家庭居住地与乡政府距离大部分都集中在 2～10 公里范围内。

表 4-3　农村家庭居住地特征

年份	地区分类			与乡镇府所在距离（公里）				
	平原	丘陵	山地	小于 2	2～5	5～10	10～20	大于 20
2005	453	516	349	223	428	346	247	74
2008	453	516	349	210	465	345	226	72
2010	453	516	349	211	462	363	213	69

本书还探讨了农村家庭居住地与最近车站码头的距离。从表 4-4 可知，2005 年的样本中，农村家庭居住地与最近车站码头距离小于 2 公里的有 448 户，占到全部样本的 34%；农村家庭居住地与最近车站码头距离大于 2 公里小于 5 公里的有 448 户，占全部样本的 34%；农村家庭居住地与最近车站码头距离大于 5 公里小于 10 公里的有 203 户，占全部样本的 15%；农村家庭居

住地与最近车站码头距离大于10公里小于20公里的有143户,占全部样本的11%;农村家庭居住地与最近车站码头距离大于20公里的有76户,占全部样本的6%。2008年的样本中,农村家庭居住地与最近车站码头距离小于2公里的有434户,占全部样本的33%;农村家庭居住地与最近车站码头距离小于10公里大于2公里的有660户,占全部样本的50%;农村家庭居住地与最近车站码头距离大于10公里的有224户,占全部样本的17%。2010年的样本中,农村家庭居住地与最近车站码头距离小于2公里的有412户,占全部样本的31%;农村家庭居住地与最近车站码头距离小于10公里大于2公里的有634户,占全部样本的50%;农村家庭居住地与最近车站码头距离大于10公里的有272户,占全部样本的21%。总体来看,被调查农村家庭绝大部分都居住在离最近车站码头小于5公里的范围内。

表4-4 农村家庭居住地与最近车站码头距离(公里)

年份	小于2	比重	2～5	比重	5～10	比重	10～20	比重	大于20	比重
2005	448	34%	448	34%	203	15%	143	11%	76	6%
2008	434	33%	56	35%	204	15%	144	11%	80	6%
2010	412	31%	406	31%	228	17%	153	12%	119	9%

2. 农村家庭基本特征

2005年样本中户主的平均年龄为35.5岁,最小的户主年龄为17.5岁,最大的户主年龄为65岁。2008年样本中户主的平均年龄为37.6岁,最小的户主年龄为17岁,最大的户主年龄为65岁。2010年样本中户主的平均年龄为43.5岁,最小的户主年龄为17岁,最大的户主年龄为65岁。从以上可以得知,户主的最大年龄都是65岁,最小年龄差不多都是17岁,但是户主的平均年龄在不断上升。

由表4-5可知，虽然本书所调研的3年农村家庭户数都是1318户，但是每年的调查总人口数量是不一样的。2005年调查总人口数量是5295人，2008年调查总人口数量是5236人，2010年调查总人口数量是6339人。调查农村家庭的户均人口数量有下降的趋势，2005年农村家庭户均人口数量为4.02，2008年农村家庭户均人口数量为3.97，2010年农村家庭户均人口数量依然维持在3.97。家庭平均受教育年限存在波动情况，从2005年的8.06年到2008年的8.29年，再到2010年的8.24年。户均固定资产是随着时间的变化而增加的，从2005年户均固定资产的4110.84元，到2008年的户均固定资产为5441.61元，最后到2010年户均资产为7098.11元，2010年的户均固定资产相比2005年户均固定资产增加了73%。户均耕地面积在2005年为6.22亩，2008年户均耕地面积为6.53亩，2010年户均耕地面积为6.69亩。户均劳动力人数有增加的趋势，2005年户均劳动力人数为3.01人，2008年户均劳动力人数为3.09人，2010年户均劳动力人数为3.16人。劳动力人数占家庭人数的比重也在不断攀升，从2005年的76.78%上升到2008年的79.58%，进而上升到2010年的81.84%。但是外出务工劳动力的比重存在波动，2005年外出务工劳动力比重为44.8%，2008年上升到48.64%，2010年又下降到48.05%。非农务工的时间由2005年的13.9天，到2008年的23.8天，再到2010年16.06天。

表4-5　调查农村家庭基本特征

	2005年	2008年	2010年
总调查人口（人）	5295	5236	6339
家庭大小（人）	4.02	3.97	3.97
家庭平均受教育年限（年）	8.06	8.29	8.24

续表 4-5

	2005 年	2008 年	2010 年
户均固定资产（元）	4110.84	5441.61	7098.11
户均耕地面积（亩）	6.22	6.53	6.69
户均劳动力（人）	3.01	3.09	3.16
劳动力比重（%）	76.78	79.58	81.84
外出务工劳动力比重（%）	44.8	48.64	48.05
非农务工时间（天）	13.9	23.8	16.06

三、湖北农村家庭收入的基本情况

（一）湖北农村家庭的总体收入构成情况

对于农村家庭收入的讨论一般根据工资性质的分类包括 4 个方面，分别为工资性收入、家庭经营性收入、财产性收入和转移性收入。由表 4-6 可知，农村家庭各类型的收入一直在不断上升。2005 年的人均纯收入仅为 3198.80 元，到 2008 年的人均纯收入为 4816.47 元，2010 年的人均纯收入为 6192.65 元。其中，收入比重最大的是家庭经营性收入，2005 年家庭经营性收入为 2147.17 元，占到了总收入的 67.12%；2008 年家庭经营性收入为 2856.34 元，占到了总收入的 59.30%；2010 年家庭经营性收入为 3467.59 元。虽然家庭经营性收入占总收入的比重最大，但是所占比重的值在不断减少。而且家庭经营性收入中主要以农业经营收入为主，基本上都是占到了 50% 以上，从 2005 年的 60.67%，下降到 2008 年的 53.41%，再进一步下降到 2010 年的 49.16%。而非农经营收入差不多占到了 6%，从 2005 年的 6.45%，下降到 2008 年的 5.9%，而在 2010 年上升到 6.84%，说明农村家庭收入来源主要以务农为主。

在收入中占据相对重要的就是工资性收入，基本上都占到了总收入的

30%以上,而且每年的绝对值都在不断增加,所占总收入的比重也在增加。2005年工资性收入为934.57元,占2005年总收入的29.22%;2008年工资性收入为1703.80元,占2008年总收入的35.37%;2010年工资性收入为2252.66元,占2010年总收入的36.38%。可以看出工资性收入的比重虽然比家庭经营性收入低很多,但是总量在不断增加,占各自年份比重也在不断增加,说明工资性收入在农村家庭收入中占据越来越重要的作用。其次是转移性收入,转移性收入占总收入的比重大致在3%到6%之间,但是呈现出逐年增长的状态。2005年转移性收入为99.41元,占2005年总收入的3.11%;2008年转移性收入为215.62元,占总收入的4.48%;2010年转移性收入为362.56元,占2010年总收入的5.85%,可以看出,转移性收入的总量和增量每年都在不断增加,说明政府对农村家庭的扶持力度在不断加大。占总收入比重最小的就是财产性收入,但是比重每年还在不断增加。2005年财产性收入均值只有17.66元,只占2005年总收入的0.55%;2008年财产性收入均值为40.71元,占2008年总收入的0.85%;2010年财产性收入均值为109.85元,占2010年总收入的1.77%,说明农村家庭的财产性权益在农村家庭收入中的作用也在加强。

表4-6 湖北农村家庭总体收入构成(元)

收入类型	2005年	比重	2008年	比重	2010年	比重
人均纯收入	3198.8	—	4816.47	—	6192.65	—
工资性收入	934.57	29.22%	1703.8	35.37%	2252.66	36.38%
家庭经营收入	2147.17	67.12%	2856.34	59.30%	3467.59	56.00%
其中:农业经营收入	1940.75	60.67%	2572.28	53.41%	3044.12	49.16%
非农经营收入	206.42	6.45%	284.06	5.90%	423.47	6.84%
财产性收入	17.66	0.55%	40.71	0.85%	109.85	1.77%
转移性收入	99.41	3.11%	215.62	4.48%	362.56	5.85%

表 4-7 根据调查农村家庭所处的地理位置进行分类，研究不同类型地区农村家庭的平均收入情况。将农村家庭分成 3 个类别，分别是平原地区、丘陵地区和山地地区。从平原地区来看，平原地区的农村家庭共有 453 户，占到总户数的 34%；从丘陵地区来看，丘陵地区的农村家庭共有 516 户，占到总户数的 39%；山区地区的农村家庭共有 349 户，占到总户数的 26%。可以看出，样本中丘陵农村家庭数是最多的，其次是平原农村家庭数，最少的是山区农村家庭数。2005 年平原地区的平均收入为 3532.81 元，2008 年平原地区农村家庭收入为 5303.16 元，2008 年的平均收入相比 2005 年增长了 50%；2010 年平原地区农村家庭收入为 7225.75 元，相比 2008 年增长了 36%，相比 2005 年增长了 105%。2005 年丘陵地区的平均收入为 3574.90 元，2008 年丘陵地区农村家庭收入为 5446.59 元，2008 年的平均收入相比 2005 年增长了 52%；2010 年丘陵地区农村家庭收入为 6597.74 元，相比 2008 年增长了 21%，相比 2005 年增长了 85%；2005 年山区地区的平均收入为 2209.21 元，2008 年山区地区农村家庭收入为 3414.89 元，2008 年的平均收入相比 2005 年增长了 55%；2010 年山区地区农村家庭收入为 4425.31 元，相比 2008 年增长了 30%，相比 2005 年增长了 100%。

可以看出，平原地区农村家庭收入的增长幅度是最大的，其次是山区地区农村家庭收入的增长幅度，增长幅度最小的就是丘陵地区农村家庭收入。从地区间来看，平原和丘陵地区农村家庭的收入差距不大，主要是在山区地区的收入远远落后于平原地区和丘陵地区的农村家庭收入，2005 年这种差距大约是 37%，2008 年这种差距大约是 36%，到 2010 年这种差距大约是 37%，这说明尽管各地区每年的收入都在不断增加，但是地区间的收入差距仍然存在。

表 4-7 不同类型地区农村家庭收入情况

地域类型	2005 年		2008 年		2010 年	
	户数	平均收入（元）	户数	平均收入（元）	户数	平均收入（元）
平原	453	3532.81	450	5303.16	454	7225.75
丘陵	516	3574.90	491	5446.59	487	6597.74
山区	349	2209.21	377	3414.89	377	4425.31

（二）不同地区农村家庭收入构成情况

上文在介绍了所调研农村家庭总体收入情况的基础上，也根据地形特征划分了不同农村家庭类型，进一步探讨了不同地域类型农村家庭每年的平均收入状况。表4-8是根据农村家庭各类收入比重来划分了农村家庭不同的经营方式，大致分为4类，即农业户、农业兼业户、非农业兼业户和非农业户。2005年的样本显示，家庭经营方式为农业户类型的有251户，占2005年样本总户数的19%；家庭经营方式为农业兼业户类型的有736户，占2005年样本总户数的56%；家庭经营方式为非农业兼业户类型的有297户，占2005年样本总户数23%；家庭经营方式为非农业户类型的有34户，占2005年样本总户数的3%。可以看出2005年样本中农业兼业户的数量是最大的,比重占到了一半以上，农业户和非农业兼业户的数量差不多。2008年农业兼业户的户数最大，为628户，占2008年样本的48%。非农业户的户数最少，为42户，占2008年样本的3%。2010年农业兼业户的户数最大，为565户，占2010年样本的43%。非农业户的户数最少，为52户，占2010年样本的4%。在2005年中，农业户的平均收入为3663.91元，农业兼业户的平均收入为2904.92元，非农业兼业户的平均收入为3459.71元，非农业户的平均收入为3847.83元。虽然农业兼业户户数占总体最大，但是其平均收入是最小的，而非农业户户数占总体户数虽然最小，但是平均收入是最高的，两种类型的平均收入相差942.91元。

在2008年中，农业户的平均收入为4610.5元，农业兼业户的平均收入为4566.6元，非农业兼业户的平均收入为5151.67元，非农业户的平均收入为6858.42元。虽然农业兼业户户数占总体最大，但是其平均收入是最小的，而非农业户户数占总体户数虽然最小，但是平均收入是最高的，两种类型的平均收入相差2291.82元。在2010年中，农业户的平均收入为6268.12元，农业兼业户的平均收入为5646.86元，非农业兼业户的平均收入为6380.92元，非农业户的平均收入为10133.81元。虽然农业兼业户户数占总体最大，但是其平均收入是最小的，而非农业户户数占总体户数虽然最小，但是平均收入是最高的，两种类型的平均收入相差4486.96元。可以看出从2005年到2010年各类型农村家庭的收入都在不断增加，但是年内各类型农村家庭的收入差距确是在不断拉大。

从2005年到2010年，本书所选取的各类经营方式农村家庭的户数在不断变动。2005年农业户的户数是251户，2008年农业户的户数是268户，增加了7%。2010年为农业户的户数是253户，比2008年下降了6%。2005年农业兼业户的户数是736户，2008年农业兼业户的户数是628户，下降了15%。2010年为农业兼业户的户数是565户，比2008年下降了10%。2005年非农业兼业户的户数是297户，2008年非农业兼业户的户数是378户，增加了27%。2010年为非农业兼业户的户数是448户，比2008年下降了19%。2005年非农业户的户数是34户，2008年非农业户的户数是42户，增加了24%。2010年为非农业户的户数是52户，比2008年下降了24%。

表 4-8 不同经营方式（按收入比重划分）的农村家庭收入情况

农村家庭类型	2005 年		2008 年		2010 年	
	户数	平均收入（元）	户数	平均收入（元）	户数	平均收入（元）
农业户	251	3663.91	268	4610.5	253	6268.12
农业兼业户	736	2904.92	628	4566.60	565	5646.86
非农业兼业户	297	3459.71	378	5151.67	448	6380.92
非农业户	34	3847.83	42	6858.42	52	10133.81

（三）不同经营方式农村家庭收入构成情况

1. 不同经营方式的农村家庭总体收入情况

根据农村家庭劳动力配比情况划分了不同的农村家庭类型，进一步探讨了不同劳动力配比的农村家庭每年的平均收入状况。表 4-9 是根据农村家庭劳动力配比来划分了农村家庭不同的经营方式，大致分为四类，即农业户、农业兼业户、非农业兼业户和非农业户。2005 年的样本显示，家庭经营方式为农业户类型的有 44 户，占 2005 年样本总户数的 3%；家庭经营方式为农业兼业户类型的有 309 户，占 2005 年样本总户数的 23%；家庭经营方式为非农业兼业户类型的有 501 户，占 2005 年样本总户数的 38%；家庭经营方式为非农业户类型的有 65 户，占 2005 年样本总户数的 5%。2008 年非农业兼业户的户数最大，为 555 户，占 2008 年样本的 42%。非农业户的户数最少，为 97 户，占 2008 年样本的 7%。2010 年非农业兼业户的户数最大，为 625 户，占 2008 年样本的 47%。非农业户的户数最少，为 101 户，占 2008 年样本的 8%。在 2005 年中，农业户的平均收入为 3448.42 元，农业兼业户的平均收入为 2903.17 元，非农业兼业户的平均收入为 3104.06 元，非农业户的平均收入为 3633.22 元。虽然农业兼业户户数占总体最大，但是其平均收入不是最大的，而非农业户户数占总体户数虽然最小，但是平均收入是最高的，两种类型的平均收入相差 729.83 元。

表 4-9 不同经营方式（按劳动力配比划分）的农村家庭收入情况

农村家庭类型	2005 年		2008 年		2010 年	
	户数	平均收入（元）	户数	平均收入（元）	户数	平均收入（元）
农业户	44	3448.42	389	5094.79	314	7078.66
农业兼业户	309	2903.17	273	4595.56	278	5644.05
非农业兼业户	501	3104.06	555	4443.75	625	5625.55
非农业户	65	3633.22	97	6480.41	101	8457.47

在 2008 年中，农业户的平均收入为 5094.79 元，农业兼业户的平均收入为 4595.56 元，非农业兼业户的平均收入为 4443.75 元，非农业户的平均收入为 6480.41 元。虽然非农业兼业户户数占总体最大，但是其平均收入是最小的，而非农业户户数占总体户数虽然最小，但是平均收入是最高的，两种类型的平均收入相差 2036.66 元。在 2010 年中，农业户的平均收入为 7078.66 元，农业兼业户的平均收入为 5644.05 元，非农业兼业户的平均收入为 5625.55 元，非农业户的平均收入为 8457.47 元。虽然非农业兼业户户数占总体最大，但是其平均收入是最小的，而非农业户户数占总体户数虽然最小，但是平均收入是最高的，两种类型的平均收入相差 2831.92 元。可以看出从 2005 年到 2010 年各类型农村家庭的收入都在不断增加，但是年内各类型农村家庭的收入差距的确是在不断拉大。

从 2005 年到 2010 年，本书所选取的各类经营方式农村家庭的户数在不断变动。2005 年农业户的户数是 44 户，2008 年农业户的户数是 389 户，增加了差不多 9 倍。2010 年为农业户的户数是 314 户，比 2008 年下降了 19%。2005 年农业兼业户的户数是 309 户，2008 年农业兼业户的户数是 273 户，下降了 12%。2010 年为农业兼业户的户数是 278 户，比 2008 年增加了 2%。

2005年非农业兼业户的户数是501户，2008年非农业兼业户的户数是555户，增加了11%。2010年为非农业兼业户的户数是625户，比2008年增加了13%。2005年非农业户的户数是65户，2008年非农业户的户数是97户，增加了49%。2010年为非农业户的户数是101户，比2008年下降了4%。

2. 不同经营方式（按收入比重划分）的农村家庭各类型收入

表4-10表示的是2005年按照收入比重划分农村家庭经营类型后，针对每一种农村家庭经营类型中各类收入的具体统计。从表中可知，农业户的人均纯收入是3663.91元；家庭经营性收入是最高的，为3465.53元，占到了农业户人均收入的94.59%，但是非农经营性收入却是−13.61元；农业户中第二重要的就是转移性收入，为135.24元，占农业户人均收入的3.69%；工资性收入和财产性收入分别占比1.44%和0.29%。农业兼业户的人均收入为2904.92元，其中家庭经营性收入占比最高，达到了2005.03元，占到了农业兼业户收入的69.02%；工资性收入也占有一定比例，达到了27.62%；财产性收入和转移性收入分别为0.35%和3.01%。非农业兼业户的人均纯收入是3459.71元，其中工资性收入所占比重是最大的，达到了55.08%；家庭经营收入占到了42.07%，非农经营收入占有14.89%的比例；财产性收入和转移性收入分别占到了0.51%和2.34%。非农业户的人均收入为3847.83元，主要是由工资性收入和家庭经营性收入构成，其中工资性收入为1826.12元，占到了非农业户人均纯收入的47.46%；家庭经营性收入为1522.15元，占到了非农业户人均纯收入的39.84%；财产性收入和转移性收入差不多，分别占到了非农业户人均纯收入的6.02%和6.67%。由2005年的样本可以看出，只有农业兼业户的收入相对较低，另外三种类型农村家庭的收入都差不多。农业户各

类收入差别最大，收入完全集中在农业经营收入中。非农业兼业户和非农业户的收入基本分布在工资性收入和家庭经营性收入中。

表 4-10　2005 年不同经营方式（按收入比重划分）的农村家庭各类型收入情况（元）

工资类型	农业户		农业兼业户		非农业兼业户		非农业户	
人均纯收入	3663.91	—	2904.92	—	3459.71	—	3847.83	—
工资性收入	52.67	1.44%	802.31	27.62%	1905.57	55.08%	1826.12	47.46%
家庭经营收入	3465.53	94.59%	2005.03	69.02%	1455.51	42.07%	1533.15	39.84%
其中：农业经营收入	3479.13	94.96%	1908.82	65.71%	940.19	27.18%	14.96	0.39%
非农经营收入	-13.61	-0.37%	96.21	3.31%	515.31	14.89%	1518.19	39.46%
财产性收入	10.48	0.29%	10.18	0.35%	17.73	0.51%	231.82	6.02%
转移性收入	135.24	3.69%	87.40	3.01%	80.92	2.34%	256.74	6.67%

表 4-11 表示的是 2008 年按照收入比重划分农村家庭经营类型后，针对每一种农村家庭经营类型中各类收入的具体统计。从表中可知，农业户的人均纯收入是 4610.57 元；家庭经营性收入是最高的，为 4194.05 元，占到了农业户人均收入的 90.97%，但是非农经营性收入却是 -18.54 元；农业户中第二重要的就是转移性收入，为 301.09 元，占农业户人均收入的 6.53%；工资性收入和财产性收入分别占比 1.41% 和 1.09%。农业兼业户的人均纯收入是 4566.6 元，其中家庭经营性收入占比最大，达到了 64.91%；其次的为工资性收入占比，达到了 29.93%；财产性收入和转移性收入占比不大，分别为 0.66% 和 4.5%。非农业兼业户的人均纯收入为 5151.67 元，工资性收入的比重最大，占到了 61.91%；其次为家庭经营性收入，共占到了非农业兼业户人均纯收入的 34.23%，其中非农经营性收入占比为 11.25%，说明非农经营收入对非农业兼业户类型的农村家庭收入影响程度较大；财产性收入和转移性收入分别占比为 0.65% 和 3.21%。非农业户的人均纯收入为 6858.42 元，其中工资性收入

是占比最大的，占到了 55.08% 的比例；其次是家庭经营性收入，一共占非农业户人均纯收入的 37.96%，农业经营收入却占到了 -0.30%，说明非农业户的收入主要来自于务工收入和非农业经营性收入；财产性收入和转移性收入分别占比为 2.93% 和 4.03%。

表 4-11 2008 年不同经营方式（按收入比重划分）的农村家庭各类型收入情况（元）

工资类型	农业户		农业兼业户		非农业兼业户		非农业户	
人均纯收入	4610.57	—	4566.60	—	5151.67	—	6858.42	—
工资性收入	65.04	1.41%	1366.76	29.93%	3189.34	61.91%	3777.31	55.08%
家庭经营收入	4194.05	90.97%	2963.96	64.91%	1763.18	34.23%	2603.76	37.96%
其中：农业经营收入	4212.58	91.37%	2884.11	63.16%	1183.85	22.98%	-20.90	-0.30%
非农经营收入	-18.54	-0.40%	79.85	1.75%	579.33	11.25%	2624.66	38.27%
财产性收入	50.39	1.09%	30.29	0.66%	33.59	0.65%	200.85	2.93%
转移性收入	301.09	6.53%	205.59	4.50%	165.55	3.21%	276.49	4.03%

表 4-12 所表示的是 2010 年按照收入比重划分农村家庭经营类型后，针对每一种农村家庭经营类型中各类收入的具体统计。从表中可知，农业户的人均纯收入是 6268.12 元；家庭经营性收入是最高的，为 5591.53 元，占到了农业户人均纯收入的 89.21%，但是非农经营性收入却是 -9.76 元；农业户财产性收入是 192.25 元，占到了农业户人均纯收入的 3.07%；农业户转移性收入是 411.54 元，占到了农业户人均纯收入的 6.57%。农业兼业户的人均纯收入是 6380.92 元，占比最高的为工资性收入，占到了非农业兼业户人均纯收入的 58.92%；家庭经营性收入为 2173.76 元，占到了非农业兼业户人均纯收入的 34.07%，其中非农业经营性收入占比为 11.93%；财产性收入占比最小，仅为 1.82%；转移性收入为 331.38 元，占到了非农业兼业户人均纯收入的 5.19%。非农业户的人均纯收入为 10133.81 元，是四种类型家庭中收入最高的农村家

庭类型。工资性占据非农业户人均纯收入的比重较非农业兼业户人均纯收入的比重更大，达到了60.69%；家庭经营性收入为3438.01元，占到了非农业户人均纯收入的33.93%；财产性收入是非农业户人均纯收入中占比最小的，为203.20元，占到了非农业户人均纯收入的2.01%；转移性收入为342.12，占到了非农业户人均纯收入的3.38%。从表4-12还可以看出，人均纯收入最高的农村家庭类型是非农业户，工资性收入是其主要构成方面；农业兼业户的人均纯收入是最低的，其主要收入构成为家庭经营性收入。农业户的人均纯收入不是最小的，但收入构成却是最极端的；非农化兼业户和农业户的收入差不多，但主要以工资性收入构成为主。

表4-12　2010年不同经营方式（按收入比重划分）的农村家庭各类型收入情况（元）

工资类型	农业户		农业兼业户		非农业兼业户		非农业户	
人均纯收入	6268.12	—	5646.86	—	6380.92	—	10133.81	—
工资性收入	72.80	1.16%	1675.26	29.67%	3759.46	58.92%	6150.48	60.69%
家庭经营收入	5591.53	89.21%	3545.13	62.78%	2173.76	34.07%	3438.01	33.93%
其中：农业经营收入	5601.29	89.36%	3468.74	61.43%	1412.60	22.14%	45.06	0.44%
非农经营收入	-9.76	-0.16%	76.40	1.35%	761.16	11.93%	3392.95	33.48%
财产性收入	192.25	3.07%	59.24	1.05%	116.31	1.82%	203.20	2.01%
转移性收入	411.54	6.57%	367.23	6.50%	331.38	5.19%	342.12	3.38%

3. 不同经营方式（按劳动力比重划分）的农村家庭各类型收入

表4-13表示的是2005年按照农村家庭劳动力配比情况划分的农村家庭类型中各类收入的情况统计表。从表中可知，四种类型农村家庭的收入差距不大，收入最高的农村家庭类型和收入最低的农村家庭类型之间的差为730.05元。农业户的人均纯收入为3448.42元，其中家庭经营性收入为2844.11元，占到了农业户人均纯收入的82.48%，非农业经营性收入占比为

2.96%；工资性收入为465.03元，占到了农业户人均纯收入的13.49%；财产性收入为10.41元，占到了农业户人均纯收入的0.30%，是农业户收入构成中最小的一部分；转移性收入为128.87元，占到了农业户人均纯收入的3.74%。农业兼业户的人均纯收入2903.17元，其中家庭经营性收入为1819.15元，占到了农业兼业户人均纯收入的62.66%，非农业经营性收入占比为2.71%；工资性收入为991.00元，占到了农业兼业户人均纯收入的34.13%；财产性收入为10.46元，占到了农业兼业户人均纯收入的0.36%，是农业兼业户收入构成中最小的一部分；转移性收入为82.56元，占到了农业兼业户人均纯收入的2.84%。非农业兼业户的人均纯收入为3104.06元，其中家庭经营性收入是最主要的收入，达到了1789.90元，占非农业兼业户人均纯收入的57.66%，其中非农业经营收入占比为8.14%；工资性收入为1230.98元，占非农业兼业户人均纯收入的39.66%；财产性收入为12.93元，占非农业兼业户人均纯收入的0.42%；转移性收入为70.24元，占非农业兼业户人均纯收入的2.26%。非农业户的人均纯收入为3633.22元，其主要构成包括工资性收入和家庭经营性收入，且两者占非农业户人均纯收入的比重差不多，分别是43.54%和47.07%。

表4-13 2005年不同经营方式（按劳动力配比划分）的农村家庭各类型收入情况（元）

工资类型	农业户		农业兼业户		非农业兼业户		非农业户	
人均纯收入	3448.42	—	2903.17	—	3104.06	—	3633.22	—
工资性收入	465.03	13.49%	991.00	34.13%	1230.98	39.66%	1581.76	43.54%
家庭经营收入	2844.11	82.48%	1819.15	62.66%	1789.90	57.66%	1710.16	47.07%
其中：农业经营收入	2742.09	79.52%	1740.54	59.95%	1537.12	49.52%	542.09	14.92%
非农经营收入	102.02	2.96%	78.62	2.71%	252.79	8.14%	1168.07	32.15%
财产性收入	10.41	0.30%	10.46	0.36%	12.93	0.42%	137.69	3.79%
转移性收入	128.87	3.74%	82.56	2.84%	70.24	2.26%	203.61	5.60%

表4-14表示的是2008年按照农村家庭劳动力配比情况划分的农村家庭类型中各类收入的情况统计表。从表中可知，农业户的人均纯收入是5085.61元，其中家庭经营性收入为3944.75元，占农业户人均纯收入的77.57%，其中非农经营收入占比为2.41%；工资性收入为799.77元，占农业户人均纯收入的15.73%；财产性收入为51.82元，占农业户人均纯收入的1.02%；转移性收入为289.28元，占农业户人均纯收入的5.69%。农业兼业户的人均纯收入为4595.56元，家庭经营性收入为2825.27元，占农业兼业户人均纯收入的61.48%，其中非农经营收入为2.39%；工资性收入为1550.10元，占农业兼业户人均纯收入的33.73%；转移性收入为192.99元，占农业兼业户人均纯收入的4.2%；财产性收入为27.19元，占农业兼业户人均纯收入的0.59%。非农业兼业户人均纯收入为4443.75元，是所有农村家庭类型中收入最低的一个，其中家庭经营收入为2142.43元，占非农业兼业户人均收入的48.21%，非农经营收入占比5.76%；工资性收入为2110.73元，占非农业兼业户人均收入的47.5%；财产性收入为26.65元，占非农业兼业户人均收入的0.6%；转移性收入为163.94元，占非农业兼业户人均收入的3.69%。非农业户的人均纯收入为6480.41元，工资性收入为3470.74元，占非农业户人均纯收入的53.56%；家庭经营性收入为2618.86元，占非农业户人均纯收入的40.41%，其中非农经营收入为24.51%；财产性收入为114.27元，占非农业户人均纯收入的24.51%；转移性收入为276.54元，占非农业户人均纯收入的4.27%。

表 4-14 2008 年不同经营方式（按劳动力配比划分）的农村家庭各类型收入情况（元）

工资类型	农业户		农业兼业户		非农业兼业户		非农业户	
人均纯收入	5085.61	—	4595.56	—	4443.75	—	6480.41	—
工资性收入	799.77	15.73%	1550.10	33.73%	2110.73	47.50%	3470.74	53.56%
家庭经营收入	3944.75	77.57%	2825.27	61.48%	2142.43	48.21%	2618.86	40.41%
其中：农业经营收入	3822.15	75.16%	2715.46	59.09%	1886.28	42.45%	1030.43	15.90%
非农经营收入	122.60	2.41%	109.81	2.39%	256.14	5.76%	1588.44	24.51%
财产性收入	51.82	1.02%	27.19	0.59%	26.65	0.60%	114.27	1.76%
转移性收入	289.28	5.69%	192.99	4.20%	163.94	3.69%	276.54	4.27%

表 4-15 表示的是 2010 年按照农村家庭劳动力配比情况划分的农村家庭类型中各类收入的情况统计表。农业户的人均纯收入为 7078.66 元，其中家庭经营收入为 5297.91 元，占农业户人均纯收入的 74.84%，非农经营收入占到了 2.44%；工资性收入为 1076.74 元，占农业户人均纯收入的 15.21%。财产性收入为 182.09 元，占农业户人均纯收入的 2.57%；转移性收入为 521.92 元，占农业户人均纯收入的 7.37%，2010 年农业户各收入类型比重的差距没有另外两年的差距大。农业兼业户的人均纯收入为 5644.05 元，占比最大的为家庭经营收入，占到了 59.56%，其中非农经营收入为 2.44%；工资性收入为 1076.74 元，占农业户人均纯收入的 15.21%；财产性收入为 182.09 元，占农业户人均纯收入的 2.57%；转移性收入为 521.92 元，占农业户人均纯收入的 7.37%。农业兼业户的人均纯收入为 5644.05 元，其中占比最高的为家庭经营收入，为 59.56%，非农经营收入占比为 2.75%；工资性收入为 1883.73 元，占农业兼业户人均纯收入的 33.38%；财产性收入为 96.09 元，占农业兼业户人均纯收入的 1.7%；转移性收入为 302.51 元，占农业兼业户人均纯收入的 5.36%。非农业兼业户人均纯收入为 5625.55 元，

家庭经营收入为2617.98元,占农业兼业户人均收入的46.54%,其中非农经营收入占比为5.71%;工资性收入占非农业兼业户人均纯收入的比重较大,占比为46.27%;财产性收入为78.95元,占非农业兼业户人均纯收入的1.4%;转移性收入为325.5元,占非农业兼业户人均纯收入的5.79%。非农业户的人均纯收入为8457.47元,其中工资性收入占比最大,占到了非农业户人均纯收入的56.23%;家庭经营收入为3326.14元,占到了非农业户人均纯收入的39.33%,其中非农经营收入占比为30.41%;财产性收入为111.41元,占非农业户人均纯收入的1.35%;转移性收入为261.71元,占非农业户人均纯收入的3.09%。

表4-15 2010年不同经营方式（按劳动力配比划分）的农村家庭各类型收入情况（元）

工资类型	农业户		农业兼业户		非农业兼业户		非农业户	
人均纯收入	7078.66	—	5644.05	—	5625.55	—	8457.47	—
工资性收入	1076.74	15.21%	1883.73	33.38%	2603.12	46.27%	4755.21	56.23%
家庭经营收入	5297.91	74.84%	3361.72	59.56%	2617.98	46.54%	3326.14	39.33%
其中：农业经营收入	5125.24	72.40%	3206.34	56.81%	2296.49	40.82%	754.03	8.92%
非农经营收入	172.67	2.44%	155.37	2.75%	321.49	5.71%	2572.11	30.41%
财产性收入	182.09	2.57%	96.09	1.70%	78.95	1.40%	114.41	1.35%
转移性收入	521.92	7.37%	302.51	5.36%	325.50	5.79%	261.71	3.09%

第三节　湖北农村收入不均等度量

对于不均等的测度主要采用了5种方法,分别是基尼系数、泰尔指数、极值差、极值比、方差和变异系数。5种方法的测度既包含人均纯收入,也包扩农村家庭各类经营收入。

一、2005年各收入类型的不均等度量

表4-16所示的是2005年各类收入类型的不均等度量,用极值差方法可以看出,2005年样本中最高人均纯收入与最低人均纯收入之间的差为44583.5元;就工资性收入而言,最高工资性收入与最低工资性收入之间的差为6535元;家庭经营收入的极值差为45355.1元,是各类分项收入中极差最大的,其中农业经营收入的极差值为43747.7元;财产转移性收入是极差最小的,为4812.9元;转移性收入极差为7684.7元。通过极值比的测算得出,人均纯收入的极值比为39.05;家庭经营收入的极值比为14.7,其中农业经营收入极值比为33.14,非农业经营收入极值比为4.49,说明非农经营收入有拉平家庭经营收入的作用;财产性收入的极值比为13.09。用方差来探讨不均等可以得出,人均纯收入的方差为2240.1,其中工资性收入的方差为1019.8;家庭经营收入的方差为2101.9;农业经营收入的方差为2004.1,非农业经营收入的方差为830.1;财产性收入的方差为146.8;转移性收入的方差为347.7。从变异系数的测量来看,人均纯收入的变异系数为0.7003,其中财产性收入的变异系数的值最大,为8.3168;家庭经营收入的变异系数最小,为0.9789;工资性收入的变异系数为1.0912;转移性收入的变异系数是3.4978。由基尼系数测算得出,2005年总体的基尼系数是0.32,其中财产性收入的基尼系数是0.9511;转移性收入的基尼系数是0.8037;工资性收入的基尼系数是0.5388;家庭经营收入的基尼系数最小,为0.4238,但是非农经营收入基尼系数为0.9195,说明非农经营收入的差距很大。由泰尔指数得出,转移性收入的泰尔指数最大,为0.5876,说明转移性收入的差距是相当大的;财产性收入的泰尔指数是最

小的,为 0.055;工资性收入和家庭经营收入的基尼系数差不多,分别为 0.3876 和 0.3057。

表 4-16　2005 年各收入类型的不均等度量

收入类型	极值差	极值比	方差	变异系数	基尼系数	泰尔指数
人均纯收入(元)	44583.5	39.05	2240.1	0.7003	0.3200	0.1812
工资性收入(元)	6535.0	—	1019.8	1.0912	0.5388	0.3876
家庭经营收入(元)	45355.1	14.70	2101.9	0.9789	0.4238	0.3057
其中:农业经营收入	43747.7	33.14	2004.1	1.0327	0.4298	0.2892
非农经营收入	15848.0	4.49	830.1	4.0212	0.9195	0.6290
财产性收入(元)	4812.9	13.09	146.8	8.3168	0.9511	0.0550
转移性收入(元)	7684.7	—	347.7	3.4978	0.8037	0.5876

二、2008 年各收入类型的不均等度量

表 4-17 表示的是用多种方法测量的 2008 年各收入类型的不均等,由极值差的测量可以得出,人均纯收入的极值差为 54471.79 元,其中工资性收入的极值差为 13216.67 元;家庭经营收入的极值差为 50105.34 元,是各分项收入类型中极差值最大的;财产性收入的极值差为 4368.973 元,是各分项收入类型中极差最小的;转移性收入为 15000 元。从极值比的方法可知,人均纯收入的极值比为 38.279,其中家庭经营的极值比为 20.116,是各分项收入类型中极值比最大的,非农经营的极值比为 8.2705;财产性收入的极值比为 1.2909,是各分项收入类型中极值比最小的。由方差的方法测量得出,人均纯收入的方差为 3414.95,其中工资性收入的方差为 1870.65;家庭经营收入的方差最大,为 3043.55,其中农业经营收入为 2834.67;财产性收入的方差为 185.895,是各项收入类型中方差最小的;转移性收入的方差为 622.44。由变异系数的方法测量得出,人均纯收入的变异系数为 0.709;工资性收入和家庭

经营收入的变异系数差不多,分别为 1.0979 和 1.0655;财产性收入的变异系数是最大的,为 4.5658;转移性收入的变异系数相对较高,为 2.8867。通过基尼系数测量得出,人均纯收入的基尼系数为 0.33,人均纯收入的基尼系数低于任何分项收入的基尼系数;工资性收入的基尼系数为 0.5367;家庭经营收入的基尼系数为 0.4613,其中非农经营收入的基尼系数为 0.9413;财产性收入的基尼系数为 0.9066,是各分项收入基尼系数中最小的;转移性收入的基尼系数为 0.6995。由泰尔指数的方法测量得出,人均纯收入的泰尔指数为 0.2038,其中工资性收入的泰尔指数为 0.3059,是各分类收入泰尔指数中最小的;家庭经营收入的泰尔指数为 0.3424,其中非农经营收入的泰尔指数为 0.7532;财产性收入的泰尔指数为 0.3259;转移性收入的泰尔指数为 0.4283,是各分类收入泰尔指数中最大的。

表 4-17　2008 年各收入类型的不均等度量

收入类型	极值差	极值比	方差	变异系数	基尼系数	泰尔指数
人均纯收入（元）	54471.79	38.279	3414.95	0.7090	0.3300	0.2038
工资性收入（元）	13216.67	—	1870.65	1.0979	0.5367	0.3059
家庭经营收入（元）	50105.34	20.116	3043.55	1.0655	0.4613	0.3424
其中:农业经营收入	47105.34	18.852	2834.67	1.1020	0.4681	0.3443
非农经营收入	20750.56	8.2705	1295.74	4.5614	0.9413	0.7532
财产性收入（元）	4368.973	1.2909	185.895	4.5658	0.9066	0.3259
转移性收入（元）	15000	—	622.44	2.8867	0.6995	0.4283

三、2010 年各收入类型的不均等度量

表 4-18 所示的是 2010 年各类收入类型的不均等测量表。由极值差测量得出,人均纯收入的极值差为 84076 元;工资性收入的极值差为 72620 元;家庭经营收入的极值差为 83840.12 元,家庭经营收入是各类收入极值差中

最高的，家庭经营收入中非农经营收入的极值差为26965.55元；财产性收入的极值差为12061.73元，转移性收入的极值差为10620.8元，是各分类收入中极值差最小的。由极值比可得出，人均纯收入的极值比为7.6891；家庭经营收入的极值比为6.6951，其中农业经营收入的极值比为6.6951，非农经营收入的极值比为3.2134；财产性收入的极值比为29.531，财产性收入的极值比是各分类收入极值比中最大的，说明财产性收入的差距相当大。由方差方法测量得出，人均纯收入的方差为4812.02，其中工资性收入的方差为3161.47；家庭经营收入的方差为3936.07，其中农业经营收入的方差为3665.73，非农经营收入的方差为1800.88；财产性收入的方差为625.273，财产性收入的方差是各分类收入方差中最小的；转移性收入的方差为880.76。由变异系数方法测量得出，人均纯收入的变异系数为0.34；工资性收入的变异系数为1.4034；家庭经营收入的变异系数为1.1351，其中农业经营收入的变异系数为1.2041，非农业经营收入的变异系数为4.2527，说明农业经营收入的差距较小，但是非农业经营收入的差距较大；财产性收入的变异系数为5.6918，是各分类收入变异系数中最大的；转移性收入的变异系数为2.4293。由基尼系数测算得出，人均纯收入的基尼系数为0.34，工资性收入的基尼系数为0.5346，比人均纯收入的差距要大；家庭经营收入的基尼系数为0.4852，其中农业经营收入的基尼系数为0.4954，非农业经营收入为0.9332，说明非农经营收入比农业经营收入的差距要大很多；财产性收入的基尼系数是各分类收入基尼系数中最高的，为0.9257；转移性收入的基尼系数为0.7017，也比人均收入的基尼系数要高很多。由泰尔指数的测量得出，人均纯收入的泰尔指数为0.2078，工资性收入的泰尔指数为0.3006；家庭经营收入的泰尔指数为 0.3931，其中农业经营收入的泰尔指数为 0.3901，非农经营收入的泰尔指数为 0.7098；财产性收入的泰尔指数是各分类收入泰尔指数中最大的，为 0.7567；转移性收入的泰尔指数为 0.7275，也比人均纯收入的泰尔指数高很多。

表 4-18 2010 年各收入类型的不均等度量

收入类型	极值差	极值比	方差	变异系数	基尼系数	泰尔指数
人均纯收入（元）	84076	7.6891	4812.02	0.7770	0.3400	0.2078
工资性收入（元）	72620	—	3161.47	1.4034	0.5346	0.3006
家庭经营收入（元）	83840.12	6.6951	3936.07	1.1351	0.4852	0.3931
其中：农业经营收入	83840.12	6.6951	3665.73	1.2041	0.4954	0.3901
非农经营收入	26965.55	3.2134	1800.88	4.2527	0.9332	0.7098
财产性收入（元）	12061.73	29.531	625.273	5.6918	0.9257	0.7567
转移性收入（元）	10620.8	—	880.76	2.4293	0.7017	0.7275

第四节 本章小结

在精准扶贫和全面脱贫的政策要求下，研究农村家庭收入不均等状况对贫困精准识别、精准脱贫有着重要的意义，衡量农村家庭的收入不均等程度主要取决于方法和指标的选取。测量收入不均等的指标大致可以分为两种，即绝对指标和相对指标，这两种指标都能在一定程度上描绘收入不均等的问题，但各自都存在一定的局限性。对于收入不均等程度的计算可以运用一些绝对指标，比如极值差与极值比、标准差、变异系数、基尼系数和泰尔指数等，这些指标相当于是对数据的离散程度进行表述，离散程度越大，则收入不均等的程度也就越高。

本章利用 2005 年、2008 年和 2010 年湖北实地调研的数据，对湖北农村地区农村家庭收入结构进行了描述，同时测量了湖北农村家庭的收入不均等情况。从湖北农村家庭的收入构成来看，虽然家庭经营性收入占总收入的比重最大，但是所占比重的值在不断减少。而且家庭经营性收入中主要以农业经营收入为主，基本上都是占到了50%以上，在收入中占据相对重要的就是工资性收入，基本上都占到了总收入的30%以上，而且每年的绝对值都在不断增加，所占总收入的比重也在增加。转移性收入占总收入的比重大致在3%到6%之间，但是呈现出逐年增长的状态。占总收入比重最小的就是财产性收入，但是比重每年还是在不断增加。

对于不均等的测度主要采用了五种方法，分别是基尼系数、泰尔指数、极值差、极值比、方差和变异系数。五种方法的测度既包含人均纯收入，也包扩农村家庭各类经营收入。这五种方法中，最重要的两个指标是基尼系数和泰尔指数。由基尼系数测算得出，2005年总体的基尼系数是0.32，2008年的基尼系数为0.33，2010年的基尼系数是0.34。一般来说，如果基尼系数小于0.2，则表明收入绝对平均；如果基尼系数在0.2～0.3，则表明收入比较平均；如果基尼系数在0.3～0.4，则表明收入相对合理；如果基尼系数在0.4～0.5，则表明收入差距较大；如果基尼系数大于0.5，则表明收入差距悬殊。由此可见，湖北省农村家庭收入差距不大，其不均等程度处于较为合理的水平。由泰尔指数得出，2005年的泰尔指数为0.1832，2008年的泰尔指数为0.2038，2010年的泰尔指数为0.2078，泰尔指数值在逐年提升，说明湖北农村的相对贫困在不断恶化。

第五章
湖北农村收入不均等的影响因素分析

第一节 不同收入来源对收入不均等的影响程度

基尼系数分解法和泰尔指数分解法为研究总体收入不均等的两种常用方法，同时，基于回归分解的方法将能更加量化收入各影响因素对收入不均等的影响程度，因此，本书将采用基尼系数分解法、泰尔系数分解法和回归分解法来分别测量总体收入不均等。

一、基于基尼系数的收入不均等的测量及分解方法

本书采用 Kakwani（1980）改进的基尼系数测量及分解方法，该方法具有方便、精确、易分解的特点。具体来说，假设总调查户数为 n，农村家庭 i 的家庭人均收入为 y_i，农村家庭家庭人口占总调查人口的比值为 f_i，调查人口的总体平均收入可以表示为

$$u = \sum_{i=1}^{n} f_i y_i \tag{5-1}$$

将家庭人均收入为 y_i 进行排序，前面 j 个农村家庭的家庭累计人口比重 p_j 为

$$p_j = f_1 + f_2 + \cdots + f_j \tag{5-2}$$

农村家庭 i 的家庭人均纯收入占总调查人口平均收入的比重 w_i 为

$$w_i = \frac{f_i y_i}{\sum_{i=1}^{n} f_i y_i} \tag{5-3}$$

前面 j 个农村家庭收入比重的累积和 k_i 为

$$k_i = w_1 + w_2 + \cdots + w_j \tag{5-4}$$

从而得出基尼系数 G 的测算公式为

$$G = 1 - \sum_{i=1}^{n} f_i (k_i + k_{i-1}) \tag{5-5}$$

被调查农村家庭总体的基尼系数可以进一步进行分解，如果农村家庭收入有 M 个收入来源，基尼系数可以分解成 m 个组分。每一个收入组分的影响程度可以用集中系数 C_m 表示，收入组分 m 的集中系数可以采用以下方法进行计算：

$$C_m = 1 - \sum_{i=1}^{n} f_i (k_{mi} + k_{m(i-1)}) \tag{5-6}$$

假定收入组分 m 的收入为收入 y_m 组分 m 占总体平均收入的比重 w_m 为

$$w_m = \frac{y_m}{\sum_{i=1}^{n} f_i y_i} \quad (5-7)$$

总收入的基尼系数为各分项收入集中系数的加总,表示为

$$G = \sum_{m=1}^{M} w_m C_m \quad (5-8)$$

收入组分 m 对总收入不平等的影响程度率 P_m 可以表示为

$$P_m = w_m \frac{C_m}{G} \times 100\% \quad (5-9)$$

二、不同来源收入对总收入不均等的影响程度测算

本书利用湖北省农村家庭调查数据,以式(5-5)分别测算 2005 年、2008 年和 2010 年的基尼系数,测算结果显示,2005 年湖北农村基尼系数为 0.32,2008 年湖北农村基尼系数为 0.33,2010 年湖北农村基尼系数为 0.34。一般来说,如果基尼系数小于 0.2,则表明收入绝对平均;如果基尼系数介于 0.2～0.3,则表明收入比较平均;如果基尼系数在 0.3～0.4,则表明收入相对合理;如果基尼系数在 0.4～0.5,则表明收入差距较大;如果基尼系数大于 0.5,则表明收入差距悬殊。由此可见,湖北省农村家庭收入差距不大,其不均等程度处于较为合理的水平。

为了探析不同收入来源对农村家庭总收入不均等的影响程度,本书进一步利用湖北省农村家庭调查数据分别按式(5-5)、式(5-6)和式(5-9)对农村家庭总收入不均等进行了分解,分解结果如表 5-1 所示。从收入来源的集中系数来看,工资性收入、家庭经营收入、财产性收入和转移性收入的

集中系数差异性不明显，2005年各收入来源的集中系数在0.27～0.36，2008年各收入来源的集中系数在0.23～0.35，2010年各收入来源的集中系数在0.28～0.46；以不同年份的每个分项收入来看，其集中系数变化也不明显，2005年、2008年和2010年工资性收入的集中系数在0.27～0.30，家庭经营收入的集中系数在0.35～0.38，财产性收入的集中系数在0.31～0.46，转移性收入的集中系数在0.23～0.31。

从各收入来源的基尼系数来看，各收入来源的基尼系数差异性较大，2005年、2008年和2010年各收入来源的基尼系数均大于总收入的基尼系数，这表明农村家庭的分项收入和总收入的差异性相比，分项收入差距更加明显，同时，对比不同收入来源的基尼系数可以看出，工资性收入和家庭经营收入的基尼系数比财产性收入和转移性收入的基尼系数小，工资性收入和家庭经营收入的基尼系数在0.5左右，财产性收入和转移性收入的基尼系数较高，转移性收入的基尼系数在0.7～0.8，2005年、2008年和2010年财产性转移收入的基尼系数均大于0.9，可以反映出湖北农村家庭的财产性收入的差距较大。

从各收入来源对总收入的影响程度来看，家庭经营收入是总收入不均等影响程度的主要来源，2005年为71.41%，2008年下降到62.06%，2010年又下降到60.10%；工资性收入对总收入不均等的影响程度均超过1/4，2005年为25.17%，2008年上升到34.16%，2010年下降为33.04%；财产性收入对总收入不均等的影响程度逐年上升，但影响程度率较小，2005年影响程度率为0.67%，2008年影响程度率为0.82%，2010年影响程度率为2.44%，均未超过5%；转移性收入对总收入的影响程度也呈逐年上升的趋势，但影响程度率仍然处于极低的水平，2005年为2.76%，2008年为2.96%，2010年为4.42%，也均未超过 5% 的影响程度率。

进一步将表 5-1 各收入来源对总收入不均等的影响程度与表 5-2 各收入来源占总收入的比重进行对比，可以发现，各项收入来源对总收入不均等的影响程度基本上与各收入来源占总收入的比重是一致的：以 2005 年为例，工资性收入对总收入不均等的影响程度率为 25.17%，对应的工资性收入占总收入的比重为 29.22%；家庭收入对总收入不均等的影响程度率为 71.41%，对应的家庭收入占总收入的比重为 67.12%，财产性收入对总收入不均等的影响程度率为 0.67%，对应的财产性收入占总收入的比重为 0.55%，转移性收入对总收入不均等的影响程度率为 2.76%，对应的转移性收入占总收入的比重为 3.11%。2008 年、2010 年各分项收入对总收入不均等的影响程度与各分项收入占总收入的比重也有类似的规律，由此可以得出，分项收入占总收入的比重决定了其对总收入不均等的影响程度。

因此，虽然财产性收入和转移性收入的基尼系数较高，但由于这两项分项收入对总收入不均等的影响程度较小，并未影响农村家庭总收入的基尼系数，同时，家庭经营收入和工资收入占总收入的比重较高，对总收入基尼系数的影响程度会更大，并且由于 2005 年、2008 年和 2010 年家庭经营收入占总收入的比重在 60% 左右，因此，相比于其他分项收入，家庭经营收入的基尼系数会更接近于总收入的基尼系数，具体来说，2005 年总收入基尼系数为 0.32，家庭经营收入的基尼系数为 0.42，2008 年总收入的基尼系数为 0.33，家庭经营收入的基尼系数为 0.46，2010 年总收入的基尼系数为 0.34，家庭经营收入的基尼系数为 0.49。

湖北农村收入不均等的影响因素分析 第五章

表 5-1 不同收入来源的集中系数、基尼系数及对总收入不均等的影响程度

年份	类别	工资性收入	家庭经营收入	财产性收入	转移性收入
2005	C_k	0.2651	0.3502	0.3618	0.3115
	G	0.5388	0.4238	0.9511	0.8037
	P_k	25.17%	71.41%	0.67%	2.76%
2008	C_k	0.2993	0.3524	0.307	0.2333
	G	0.5367	0.4613	0.9066	0.6995
	P_k	34.16%	62.06%	0.82%	2.96%
2010	C_k	0.3007	0.3775	0.4624	0.2813
	G	0.5346	0.4852	0.9257	0.7017
	P_k	33.04%	60.10%	2.44%	4.42%

表 5-2 农村家庭收入构成及占比

收入类型	2005 年		2008 年		2010 年	
人均纯收入（元）	3198.80	—	4816.47	—	6192.65	—
工资性收入（元）	934.57	0.2922	1703.80	0.3537	2252.66	0.3638
家庭经营收入（元）	2147.17	0.6712	2856.34	0.5930	3467.59	0.5600
财产性收入（元）	17.66	0.0055	40.71	0.0085	109.85	0.0177
转移性收入（元）	99.41	0.0311	215.62	0.0448	362.56	0.0585

三、不同经营来源收入对总收入不均等的影响程度测算

由于家庭经营收入对总收入不均等的影响程度较大，因此有必要进一步测算家庭经营收入的不均等程度，测算结果如表 5-3 所示。结果表明，家庭经营收入构成中的农业经营收入和非农经营收入的基尼系数有较大差异，2005 年、2008 年和 2010 年的农业经营基尼系数分别为 0.4298、0.4682 和 0.4954，相应的非农经营基尼系数为 0.9195、0.9414 和 0.9332，三年非农经营的基尼系数均超过 0.9，可以反映出湖北农村家庭在非农经营收入存在极度不均等的差距。

从农业经营收入与非农经营收入对家庭经营收入基尼系数的影响程度率来看，2005 年、2008 年和 2010 年农业经营收入对家庭经营收入基尼系数的影响程度率分别为 84.06%、84.93% 和 82.37%，非农经营收入对家庭经营收

入基尼系数的影响程度率分别为15.94%、15.07%和17.63%，农业经营收入对家庭经营收入基尼系数的影响程度率均超过了80%。家庭经营收入基尼系数会更接近于农业经营收入的基尼系数，2005年、2008年和2010年的家庭经营收入基尼系数分别为0.42、0.46和0.49，分别和相应年份农业经营基尼系数的0.43、0.47和0.50比较接近。

表5-3 不同经营收入的集中系数、基尼系数及对总收入不均等的影响程度

年份	类别	农业经营	非农经营
2005	C_k	0.3956	0.6304
	G	0.4298	0.9195
	P_k	84.06%	15.94%
2008	C_k	0.4346	0.6635
	G	0.4682	0.9414
	P_k	84.93%	15.07%
2010	C_k	0.4542	0.6815
	G	0.4954	0.9332
	P_k	82.37%	17.63%

第二节 区域因素对收入不均等的影响程度

一、不同从业类型的泰尔指数测算及分解

（一）按总收入构成划分家庭类型的泰尔指数测算及分解

我们利用2005年、2008年和2010年湖北农村调查数据，按总收入比例划分的家庭类型的泰尔指数进行了测算，测算结果见表5-4。结果显示，2005年、2008年和2010年湖北农村地区按收入划分的家庭类型农村家庭的泰尔指数均呈逐年上升的趋势，农业户类型由2005年的0.2634增长到2010年的

0.3039，农业兼业户由 2005 年的 0.1620 增长到 2010 年的 0.1939，非农业兼业户由 2005 年的 0.1382 增长到 2010 年的 0.1429，非农业户由 2005 年的 0.1783 增长到 2010 年的 0.2974。由此，可以反映出随着年份的增加，湖北农村地区各家庭类型的收入差距在扩大，不均等程度越来越大。

从各家庭类型的泰尔指数来看，农业户的泰尔指数处于较高水平，泰尔指数值在 0.25～0.30，农业兼业户的泰尔指数在 0.16～0.20，非农业兼业户的泰尔指数在 0.13～0.14，非农业户的泰尔指数在 0.17～0.29，农业户的泰尔指数均大于农业兼业户、非农兼业户和非农业户，非农业兼业户的泰尔指数相比于其他家庭类型，处于较低的水平，泰尔指数值均未超过 0.15。这表明，以总收入划分的四种家庭类型中，农业户类型的家庭收入差距较大，而非农兼业户家庭的收入差距较小，产生这一现象的原因可能是，非农业兼业户占样本量较小，同时非农业户的收入分布较为平均，因而其泰尔指数值处于较低的水平。

表 5-4　不同家庭类型收入差距泰尔指数测算（按总收入划分）

家庭类型	2005 年	2008 年	2010 年
农业户	0.2634	0.2793	0.3039
农业兼业户	0.1620	0.1969	0.1939
非农业兼业户	0.1382	0.1306	0.1429
非农业户	0.1783	0.2076	0.2947

对不同家庭类型收入差距泰尔指数的分解结果见表 5-5，结果显示，以总收入划分的家庭类型的泰尔指数主要是来源于组间差距，2005 年组间差距的影响程度率为 96.91%，2008 年组间差距的影响程度率为 97.92%，2010 年组间差距影响程度率为 96.05%，2005 年、2008 年和 2010 年 3 年的组间差距

影响程度率均超过了95%,因此,我们可以得出,从总收入划分的家庭类型来看,造成湖北农村地区农村家庭收入不均等的主要因素是家庭类型的影响,相同生产经营类型家庭间的收入差距较小,收入差距主要表现在不同生产经营类型的家庭间,对于这一结论,合理的解释可能是因为同类型的家庭类型,其收入差距并不明显,而不同收入类型的家庭类型,其收入差距则较大,比如,农业户类型的收入均值小于非农村家庭类型的均值,农业户和非农业户之间的收入差距会比其自身类型的收入差距大,因而导致了总体的泰尔指数来源于不同类型的收入类型家庭,而同一收入类型的家庭间对总体的泰尔指数值影响程度率较小。

表 5-5 不同家庭类型收入差距泰尔指数分解(按总收入划分)

年份	泰尔指数	泰尔指数分解		影响程度率	
		组间差距	组内差距	组间差距	组内差距
2005	0.1845	0.1788	0.0056	96.91%	3.04%
2008	0.1973	0.1932	0.0040	97.92%	2.03%
2010	0.2124	0.2040	0.0084	96.05%	3.95%

(二)按劳动力类型划分家庭类型的泰尔指数测算及分解

我们同样测量了以劳动力配置划分家庭类型的收入差距,结果如表5-6所示。2005年、2008年和2010年按劳动力配置类型来看划分的家庭类型,2005年和2008年各类型家庭的泰尔指数值最大的均是农业户,分别为0.2248和0.2496,2010年泰尔指数值最大的是非农业户,大小为0.3017;2005年各类型家庭泰尔指数值最小的是非农业户,大小为0.1535,与非农业兼业户的0.1565较为接近,2008年各类型家庭泰尔指数值最小的是非农业兼业户,仅有0.1397,2010年各家庭类型的泰尔指数值最小的是农业兼业户,其大小值为 0.1610。综上，虽然 2005 年、2008 年和 2010 年各家庭类型的泰尔指数没有过于明显的差异，但以各年家庭类型的均值来看，农业户泰尔指数均值最大，非农业兼业户的泰尔指数均值最小，这与按总收入划分的家庭类型泰尔指数的测算结果是一致的。

表 5-6　不同家庭类型收入差距泰尔指数测算（按劳动力配置划分）

家庭类型	2005 年	2008 年	2010 年
农业户	0.2248	0.2496	0.2227
农业兼业户	0.1600	0.1996	0.1610
非农业兼业户	0.1565	0.1397	0.1845
非农业户	0.1535	0.1920	0.3017

与按总收入划分的家庭类型的收入差距测量结果相对比可以看出，不管是按总收入还是按劳动力配置划分家庭类型，所得结果基本一致：第一，2005 年、2008 年和 2010 年各年按劳动力配置划分的不同类型家庭的泰尔指数值与按总收入划分的家庭类型的泰尔指数值较为接近，均在 0.15～0.30；第二，总体上来看，与总收入划分的家庭类型泰尔指数测量结果一样，按劳动力配置划分家庭类型的泰尔指数测量结果中，农业户类型家庭的泰尔指数值最大，但 2010 年非农业户的泰尔指数值超过了农业户类型的泰尔指数值，非农业兼业户类型家庭的泰尔指数值最小，但 2010 年农业兼业户家庭类型的泰尔指数值低于非农业兼业户。按劳动力配置划分家庭类型的收入差距测量结果与按总收入划分的家庭类型的收入差距测量结果也有差异，主要表现在随着年份的增加，各家庭类型的泰尔指数的趋势变动并没有逐年上升，按劳动力配置划分家庭类型的农业户和农业兼业户类型家庭的收入差距测量结果出现了波动上升的情况，非农业兼业户泰尔指数值出现了先降低后上升的趋

势，非农业户泰尔指数值呈逐年上升的趋势，这可能是因为2008年外出劳动力回流，导致劳动力配置划分家庭类型的变化。

表 5-7 不同家庭类型收入差距泰尔指数分解（按劳动力配置划分）

年份	泰尔指数	泰尔指数分解		影响程度率	
		组间差距	组内差距	组间差距	组内差距
2005	0.1845	0.1818	0.0026	98.54%	1.41%
2008	0.1973	0.1913	0.0059	96.96%	2.99%
2010	0.2124	0.2026	0.0097	95.39%	4.57%

二、不同地形农村家庭的泰尔指数测算及分解

我们以相同的测算方法和分解方法，测量了2005年、2008年和2010年湖北农村地区不同地形的泰尔指数，同时对不同地形农村家庭的泰尔指数进行了分解，以探究地形因素对农村家庭收入差距的影响程度。对2005年、2008年和2010年不同地形的泰尔指数测算见表5-8，2005年平原地区的泰尔指数值最小，为0.1457，山区的泰尔指数值最大，为0.1936；2008年仍然是平原地区泰尔指数最小，为0.1691，山区泰尔指数最大，为0.1989；2010年平原的泰尔指数最大，为0.2430，丘陵地区泰尔指数最小，为0.1517。以均值来看，各年份中泰尔指数最大的是2010年，各地形泰尔指数最大的是山区地区。

表 5-8 2005年、2008年、2010年不同地形的泰尔指数测算

地形	2005 年	2008 年	2010 年
平原	0.1457	0.1691	0.2430
丘陵	0.1716	0.1782	0.1517
山区	0.1936	0.1989	0.1779

我们可以从测算结果看出，以年份来看，各年份的泰尔指数均值逐年提升，

以不同地形类型的泰尔指数值来看，平原地区的泰尔指数值小于丘陵地区的泰尔指数值，丘陵地区的泰尔指数值小于山区地区的泰尔指数值。我们可以从这一测算结果得出两个结论：第一，随着年份的增加，各类型地形的泰尔指数值在增加，也就是说，随着年份的增加，各地形类型的农村家庭收入差距都在扩大；第二，平原的收入差距小于丘陵的收入差距，丘陵的收入差距小于山区的收入差距，这表明平原地区的收入差距相对于丘陵地区和山区地区的收入差距较小，而山区地区的收入差距最大，这一结论的合理解释可能是，平原地区的农村家庭其所处的地理环境位置差异较小，而丘陵和山区的农村家庭，其所处的地理环境位置差异较大，例如，丘陵或山区类型的农村家庭中，居住在交通方便位置的农村家庭，会比居住在交通不方便位置的农村家庭的收入高，从而导致了丘陵或山区的农村家庭收入差距较大。

表 5-9　不同地形收入差距泰尔指数分解

年份	泰尔指数	泰尔指数分解		影响程度率	
		组间差距	组内差距	组间差距	组内差距
2005	0.1845	0.1658	0.0187	89.86%	10.14%
2008	0.1973	0.1790	0.0183	90.72%	9.28%
2010	0.2124	0.1938	0.0186	91.24%	8.76%

三、不同地区农村家庭的泰尔指数测算及分解

不同地区农村家庭泰尔指数的测算结果见表 5-10，反映出了被调查样本区县 2005 年、2008 年和 2010 年的泰尔指数值。可以看出，2005 年泰尔指数值最大的地区是武汉市黄陂区，其泰尔指数值为 0.3568，2005 年泰尔指数值最小的地区是荆州市监利县，泰尔指数值为 0.0766；2008 年泰尔指数最大的地区为咸宁市赤壁市，其泰尔指数为 0.3246，2008 年泰尔指数最小的地区是

荆州市公安县，其泰尔指数为 0.0513；2010 年泰尔指数最大的地区是湖北省天门市，其泰尔指数值为 0.5070，2010 年泰尔指数值最小的地区是荆州市沙洋县，其泰尔指数值为 0.0781。从均值来看，2005 各地区的泰尔指数均值小于 2008 年各地区泰尔指数均值，2008 年各地区泰尔指数均值小于 2010 年各地区泰尔指数均值。2005 年泰尔指数值小于 0.1 的区县数有 6 个，2005 年泰尔指数值大于 0.3 的区县数有 1 个；2008 年泰尔指数小于 0.1 的区县数有 7 个，2008 年泰尔指数值大于 0.3 的区县数有 1 个；2010 年泰尔指数值小于 0.1 的区县数只有 2 个，2010 年泰尔指数大于 0.3 的区县数有 2 个。

表 5-10　不同地区泰尔指数

县市	2005 年	2008 年	2010 年
湖北省武汉市黄陂区	0.3568	0.1674	0.1406
湖北省武汉市新洲区	0.0975	0.1496	0.0924
湖北省黄石市阳新县	0.1421	0.0862	0.1444
湖北省十堰市郧县	0.2815	0.1505	0.1493
湖北省十堰市房县	0.1926	0.2034	0.1626
湖北省宜昌市夷陵区	0.1370	0.1754	0.1111
湖北省宜昌市秭归县	0.1487	0.2195	0.2111
湖北省宜昌市当阳市	0.1253	0.2928	0.1207
湖北省宜昌市枝江市	0.0964	0.1375	0.1424
湖北省襄樊市襄阳区	0.1579	0.0855	0.3837
湖北省襄樊市谷城县	0.0939	0.1060	0.1307
湖北省襄樊市保康县	0.1225	0.1463	0.1814
湖北省荆门市沙洋县	0.1032	0.0989	0.0781
湖北省荆门市钟祥市	0.1659	0.2407	0.1457
湖北省孝感市云梦县	0.1688	0.1682	0.1248
湖北省孝感市汉川市	0.1374	0.1268	0.1594
湖北省荆州市公安县	0.0797	0.0513	0.1232
湖北省荆州市监利县	0.0766	0.0894	0.1802
湖北省荆州市松滋市	0.0938	0.0917	0.1405
湖北省黄冈市黄州区	0.2537	0.1186	0.1868
湖北省黄冈市罗田县	0.1102	0.1065	0.1386
湖北省黄冈市浠水县	0.1184	0.0902	0.1462
湖北省黄冈市黄梅县	0.1162	0.1973	0.1596
湖北省咸宁市通城县	0.1297	0.1170	0.0876

续表 5-10

县市	2005 年	2008 年	2010 年
湖北省咸宁市赤壁市	0.1057	0.3246	0.1839
湖北省随州市曾都区	0.0918	0.0758	0.1232
湖北省随州市广水市	0.1746	0.1432	0.1457
湖北省恩施州恩施市	0.1075	0.2227	0.1245
湖北省恩施州利川市	0.1865	0.2849	0.2346
湖北省恩施州鹤峰县	0.0967	0.1497	0.1723
湖北省仙桃市	0.1706	0.2761	0.3328
湖北省潜江市	0.1441	0.1289	0.1428
湖北省天门市	0.1558	0.2381	0.5070

不同地区收入差距泰尔指数分解见表 5-11，从表 5-11 可以看出，从不同地区的泰尔指数分解结果来看，导致收入不均等的主要因素是组内差距泰尔指数，2005 年的组内差距泰尔指数为 0.1456，对总体泰尔指数的影响程度率为 78.94%，2008 年的组内差距泰尔指数为 0.1633，对总体泰尔指数的影响程度率为 82.80%，2008 年组内差距泰尔指数为 0.1798，对总体泰尔指数的影响程度率为 84.66%。对比 2005 年、2008 年和 2010 年组间差距和组内差距的影响程度率可以看出，组内差距的影响程度率逐年增加，从 2005 年的 78.94% 增加到 2010 年的 84.66%。因此，以不同地区的收入差距分解结果来看，导致收入不均等的主要影响来源于组内差距，也就是说，各区县间收入差距较小，县域内的收入差距相对而言对总体收入差距的影响更大。所以，在省内进行收入不均等的缓解的重点在于缩小县域内的收入差距。

表 5-11　不同地区收入差距泰尔指数分解

年份	泰尔指数	泰尔指数分解		影响程度率	
		组间差距	组内差距	组间差距	组内差距
2005	0.1845	0.0389	0.1456	21.06%	78.94%
2008	0.1973	0.0339	0.1633	17.20%	82.80%
2010	0.2124	0.0326	0.1798	15.34%	84.66%

第三节 基于回归分解的收入不均等影响因素度量

农村家庭收入实际上是由一系列的因素决定的,那么这些因素对收入不均等的影响程度显然不能用前述方法来测试,而基于回归结果的方法刚好可以测试各因素对收入不均等的影响程度。

一、变量描述

根据模型设定及研究的需要,本书选取了家庭因素和户主因素来作为解释变量,用以分析这些因素对收入不均等的影响程度,如表 5-12 所示。其中家庭因素选取了劳动力负担系数、人均纯收入、家庭人口数量、外出务工人员数量比重和耕地面积作为解释变量,户主因素包括户主年龄和户主教育水平。从表 5-12、表 5-13 和表 5-14 可以看出,2005 年、2008 年和 2010 年时间段的各主要解释变量存在较大的差异。

表 5-12　2005 年模型中自变量的描述统计

变量名称	最大值	最小值	均值	标准差
家庭平均年龄	65	17.5	35.3551	9.2139
家庭平均受教育水平	1	0	0.1950	0.3963
家庭规模	9	1	4.0175	1.2126
劳动力占比	6	1	3.0068	1.0365
转移劳动力占比	4	0	0.9044	0.9081
培训劳动力占比	3	0	0.3247	0.6653
非农务工月数	44	0	8.2874	8.8834
土地面积	53	0	6.0472	4.4480
生产性固定资产原值	11.9798	3.9120	7.6328	1.1646

表 5-13　2008 年模型中自变量的描述统计

变量名称	最大值	最小值	均值	标准差
家庭平均年龄	65	17	43.5027	9.1435
家庭平均受教育水平	1	0	0.1578	0.3647

续表 5-13

变量名称	最大值	最小值	均值	标准差
家庭规模	10	1	3.9674	1.3655
劳动力占比	7	0	3.1609	1.1029
转移劳动力占比	6	0	1.1662	1.0327
培训劳动力占比	/	/	/	/
非农务工月数	57.5	0	11.0036	10.3686
土地面积	67.7	0	6.5352	5.3557
生产性固定资产原值	13.0519	3.9120	7.9947	1.2893

表 5-14　2010 年模型中自变量的描述统计

变量名称	最大值	最小值	均值	标准差
家庭平均年龄	65	17	43.5027	9.1435
家庭平均受教育水平	1	0	0.1578	0.3647
家庭规模	10	1	3.9674	1.3655
劳动力占比	7	0	3.1609	1.1029
转移劳动力占比	6	0	1.1662	1.0327
培训劳动力占比	/	/	/	/
非农务工月数	57.5	0	11.0036	10.3686
土地面积	67.7	0	6.5352	5.3557
生产性固定资产原值	13.0519	3.9120	7.9947	1.2893

收入是影响贫困的一个重要因素，将直接影响农村家庭是否贫困及贫困的程度，农村家庭人均纯收入越高，其改善多维贫困状况的能力就越强，也就越不容易进入贫困，因此，我们选取家庭人均纯收入作为因变量，以考察影响收入的主要因素及这些因素对收入不均等的影响程度。

家庭平均年龄是反映家庭人口结构的一个重要指标，平均年龄越小，则家庭的人员构成越年轻，陷入贫困的风险较小；家庭平均受教育水平是反映家庭劳动力人力资本的指标，一般而言，家庭平均受教育水平越高，越容易取得更高收入，陷入贫困的可能性越小；家庭规模可以进一步反映家庭人口总数对收入贫困状况变化的影响程度；劳动力占比指家庭成员中劳动力（即 15～64 岁人口）占家庭总人口的比率，一般而言，家庭劳动力占整个家庭人口数的比例越高，则该家庭就越不容易陷入贫困，反之则抵抗贫困风险的能力越弱；转移劳动力对农村家庭的贫困状况改善较为明显，一般情况下，一个家庭的转移劳动力越多，该家庭的收入就会越高，进入贫困的可能性就会降低，因此我们将转移劳动力占家庭总人口的比重作为一个解释变量；培训劳动力占比指家庭劳动力成员中，接受过专业培训人数占家庭总人口数的比重，可以反映出劳动力的质量；非农务工月数可以反映出转移劳动力外出务工时间；另外，土地面积的大小对于以农业生产为主的家庭来说，土地面积越多，其产量相应的会越高，进而收入也就越高，因此将人均土地面积作为一个解释变量；最后，为了反映农村家庭资产情况，引入生产性固定资产原值指标，来反映农村家庭资产的差异对收入贫困和不均等的影响。

二、模型的构建

建立收入函数模型是收入不均等回归分解的第一步，一般而言，收入函数采用的模型有线性模型、半对数模型和全对数模型，式（5-10）为线性模型，式（5-11）和式（5-12）为半对数模型，式（5-13）为全对数模型，为自变量，是影响收入的主要因素，Dummy 是虚拟变量。本书采用线性模型来估计收入的各因素对收入差距的影响程度，具体到实际应用中，为了得到更有力的解释，我们选取的所有自变量均为连续变量。

$$y_{it} = \alpha + \sum \beta_i x_{it} + \sum \beta_j Dummy_j + \varepsilon_{it} \quad (5-10)$$

$$\ell n\ y_{it} = \alpha + \sum \beta_i x_{it} + \sum \beta_j Dummy_j + \varepsilon_{it} \quad (5-11)$$

$$y_{it} = \alpha + \sum \beta_i \ell n\ x_{it} + \sum \beta_j Dummy_j + \varepsilon_{it} \quad (5-12)$$

$$\ell n\ y_{it} = \alpha + \sum \beta_i \ell n\ x_{it} + \sum \beta_j Dummy_j + \varepsilon_{it} \quad (5-13)$$

考虑决定农村家庭收入的各因素对收入差距的影响程度率的前提在于事先估计各因素对收入的边际影响。我们采用回归估计方法估计家庭平均年龄、家庭平均受教育水平、家庭规模、劳动力占比、转移劳动力占比、培训劳动力占比、非农务工月数、土地面积、生产性固定资产原值对农村家庭收入的影响系数,然后采用前面讨论的回归分解方法测试各因素的影响程度率。

表 5-15　回归分解的收入不均等影响因素回归结果

变量	2005 年		2008 年		2010 年	
	系数	标准误差	系数	标准误差	系数	标准误差
家庭平均年龄	−11.16	7.99	4.28	12.36	37.9565**	19.23
家庭平均受教育水平	138.0509***	31.30	285.4542***	46.43	250.1239***	61.19
家庭规模	−653.2980***	69.68	−641.7495***	84.70	−1026.3390***	161.23
劳动力占比	41.44	423.30	805.27	567.57	1027.51	991.35
转移劳动力占比	−1585.9770***	470.06	−372.45	421.40	1434.43	972.34
培训劳动力占比	969.6943***	359.51	1078.9650**	490.30	−	−
非农务工月数	37.4732**	15.72	−1.94	4.17	−28.48	30.66
土地面积	75.8009***	13.13	2.9421***	1.08	153.4049***	23.47
生产性固定资产原值	0.0151**	0.01	0.0188**	0.01	0.0244***	0.01

表 5-15 为 2005 年、2008 年和 2010 年收入影响因素的回归结果。具体到各年份,2005 年除了家庭平均年龄和劳动力占比外,其他所有解释变量均在 5% 和 1% 的水平上显著;2008 年除了家庭平均年龄、劳动力占比、转移劳动力占比和非农务工月数外,其他变量均在 5% 和 1% 的水平上显著;2008 年除了劳动力占比、转移劳动力占比和非农务工月数外,其他变量均在 5% 和 1% 的水平上显著。

从2005年的回归边际效应可以看出，家庭平均受教育水平对农村家庭收入具有显著的正向影响，说明家庭平均受教育水平越高，农村家庭人均收入越高，其原因在于平均受教育水平越高的家庭，家庭人力资本越高，获得更高收入的能力越强。家庭规模对农村家庭收入具有显著的负向影响，说明家庭规模越大，农村家庭家庭人均收入越小，其原因在于规模较大的家庭，家庭的依赖率可能较大。转移劳动力占比对农村家庭收入具有显著的负向作用，表明转移劳动力越多，农村家庭的收入将越低，这和实际情况不太符合，具体原因需要进一步研究和探讨。培训劳动力占比对农村家庭收入具有显著的正向影响，这表明劳动力中培训的比重越大，农村家庭的收入将越高，贫困的可能性会越小。非农务工月数对农村家庭收入具有显著的正向影响，这表明外出劳动力外出务工时间越长，家庭的收入将越高。土地面积和生产性固定资产原值也都对农村家庭收入有显著的正向影响关系，这表明，土地面积越多，生产性固定资产原值越大，农村家庭的收入将越高。

实际上，决定和影响农村家庭收入的因素很多，一些不可观测的因素可能没有被纳入回归模型当中，但这些因素对收入的影响可以在回归残差项中反映出来。换句话说，回归分解方法不能识别出未被纳入解释变量的影响程度率。如果残差项对收入不均等的影响程度率超过一半，那么回归模型的拟合程度就值得怀疑。所以，即使还有一些因素没有被纳入考察范围，我们关注的解释变量依然具有较大政策参考意义。对残差项、常数项和解释变量对收入不均等的影响程度测算见表5-16，可以看出，2005年、2008年和2010年残差项对收入不均等的影响程度率分别为46.96%、56.44%和55.20%，这三年残差项对收入不均等的影响程度率均未超过60%，因此本书选取的收入回归模型的拟合程度较好。

表 5-16　回归分解的收入不均等影响程度率

分类	2005 年		2008 年		2010 年	
	基尼系数	影响程度率	基尼系数	影响程度率	基尼系数	影响程度率
总计	0.3222	100.00%	0.3266	100.00%	0.3406	100.00%
残差项	0.1513	46.96%	0.1843	56.44%	0.1880	55.20%
常数项	−0.8153	−253.06%	−0.5303	−162.39%	−0.1689	−49.58%
解释变量	0.9861	306.10%	0.6726	205.95%	0.3215	94.38%

从表 5-17 可以看出，2005 年、2008 年和 2010 年解释变量对收入不均等的影响程度率分别为 86.10%、85.95% 和 94.38%，均超过了 85%，也就是说，在 2005 年、2008 年和 2010 年，解释变量能够解释 85% 以上总收入不均等。

表 5-17　常数项和解释变量对收入不均等的影响程度

类别	2005 年		2008 年		2010 年	
	基尼系数	影响程度率	基尼系数	影响程度率	基尼系数	影响程度率
总计	0.3222	100.00%	0.3406	100.00%	0.3406	100.00%
残差项	0.1191	36.96%	0.1199	36.44%	0.1199	35.20%
常数项	−0.0743	−23.06%	−0.1008	−22.39%	−0.1008	−29.58%
解释变量	0.2774	86.10%	0.3215	85.95%	0.3215	94.38%

进一步考察分解解释变量对收入不均等的影响程度率，分解结果见表 5-18。结果表明，农村家庭收入差距主要来自于生产性资产的差异，2005 年、2008 年和 2010 年生产性固定资产原值对收入不均等的影响程度分别为 62.05%、66.52% 和 69.21%。小规模农村家庭由于生产性的资产不足，很难扩大农业生产规模，而规模不足又造成较低的农业产出，产出低直接导致收入低，低收入只能维持农村家庭基本的生活支出，而没有购买生产资产的能力，这样使得农村家庭陷入"低生产性资产—小规模产出—低收入—无法扩大生产性资产—小规模产出—低收入"的低收入低产出甚至贫困的恶性循环之中；

而生产性资产充足的家庭则可以充分利用资产进行投资和扩大生产规模,从而获得较高的产出,进而取得更多的收入,收入的增加又可以进一步扩大生产性资产投资,从而扩大规模和提高产出,进而获取更高的收入和回报,这样资产充足的农村家庭就进入了一个"资产充足—规模大产出高—收入高—扩大投资—扩大规模和产出—增加投入—增加资产"的良性循环之中。这就是资产性差异造成收入差距的原因。

除了生产性固定资产,培训劳动力占比差异是造成收入不均等的最重要因素,它对农村家庭收入不均等的影响程度率分别为12.55%、11.32%和10.01%。在青壮年农村劳动力大量外出务工的背景下,接受职业技能培训的农民工获取更高工资水平和工作机会的可能性超过没有接受职业技能培训的农民工,因而能够获得更高的务工收入。这就是接受职业技能培训造成农村家庭收入差距的原因。

以家庭平均受教育水平为代表的人力资本差异是造成农村家庭收入差距第三位的因素,它对收入不均等的影响程度率分别达到8.21%、6.32%和8.98%。土地面积对收入不均等的影响程度率也分别为6.35%、5.42%和3.97%。家庭平均年龄、家庭规模和劳动力占比也在一定程度上加大了收入不均等程度。转移劳动力占比和非农务工月数虽然也影响了收入不均等程度,但影响的程度十分有限。

表5-18 各解释变量对收入不均等的影响程度

变量	影响程度率		
	2005年	2008年	2010年
家庭平均年龄	3.21%	2.23%	2.05%
家庭平均受教育水平	8.21%	6.32%	8.98%

续表 5-18

变量	影响程度率		
	2005 年	2008 年	2010 年
家庭规模	3.11%	5.15%	0.16%
劳动力占比	2.23%	1.58%	3.44%
转移劳动力占比	1.20%	1.25%	1.99%
培训劳动力占比	12.55%	11.32%	10.01%
非农务工月数	1.09%	0.21%	0.19%
土地面积	6.35%	5.42%	3.97%
生产性固定资产原值	62.05%	66.52%	69.21%
所有变量	100%	100%	100%

以上分解结果表明了低收入农村家庭积累生产性资产的重要性。与此同时，推行更加合理的耕地分配承包制度，保障农村家庭耕地面积公平性对于缩小农村内部收入差距具有积极意义。加大低收入的职业技能培训，提高低收入农村家庭受教育程度也是缩小收入差距的有效途径之一。

第四节　本章小结

相对贫困是贫困分析的重要方面，在精准扶贫和全面脱贫的要求下，特别是在中国当前农村绝对贫困大幅下降，社会分配不公问题凸显的形势下，收入不均等是相对贫困的主要衡量指标。

从不同收入来源对收入不均等的影响程度来看，家庭经营收入对收入不均等的影响程度最大，其次为工资性收入、财产性收入和转移性收入的影响程度率较低，且持续下降。从区域因素对收入不均等的影响程度来看，不论是分地形、分区域还是分地区考察，农村家庭收入不均等主要来自组内差距而非组间差距。

采用基于回归分解方法考察农村家庭收入不均等的影响因素，结果表明，农村家庭收入差距主要来自于生产性资产的差异，2005年、2008年和2010年生产性资产差异对收入不均等的影响程度率均超过了60%。培训劳动力占比差异是造成收入不均等的重要因素，2005年、2008年和2010年对农村家庭收入不均等的影响程度率均超过了10%，家庭平均受教育程度对农村家庭收入不均等的影响程度率也较高。家庭平均年龄、家庭规模和劳动力占比也在一定程度上加大了收入不均等程度。因此，低收入农村家庭积累生产性资产对缩小相对贫困是重要的，更加合理的耕地分配承包制度以保障农村家庭耕地面积公平性对于缩小农村内部收入差距具有积极意义。加大低收入的职业技能培训，提高低收入农村家庭受教育程度也是缩小收入差距的有效途径。

第六章
湖北农村收入不均等对贫困的影响

第一节 湖北农村收入不均等与贫困关系的描述性分析

考虑到分析结果对贫困线的敏感性以及与国内外文献的可比性,本书分别采用中国政府确定的国定贫困线、世界银行提出的每天1美元和每天2美元贫困线进行贫困测度。国际贫困线通过购买力平价变换为人民币。各年度的贫困线利用湖北省农村消费价格指数(CPI)进行平减,贫困的测度采用经典的FGT贫困指标。

一、湖北农村人均纯收入及不均等状况

湖北农村人均纯收入状况见表6-1。从2005年、2008年和2010年来看,湖北农村人均纯收入持续稳定提高,从2005年的3198.8元增加到2010年的

6192.65元，收入几乎翻了一番。按照国家统计局的方法，总收入由工资性收入、家庭经营收入、财产性收入和转移性收入四大部分构成。工资性收入可以分为本地务工工资收入和外地务工工资收入；转移性收入可以分为救济收入、补贴收入、养老收入和其他转移性收入四类。农村家庭各类型的收入一直在不断上升。2005年的人均纯收入仅为3198.80元，到2008年的人均纯收入为4816.47元，2010年的人均纯收入为6192.65元。其中，收入比重最大的是家庭经营性收入，2005年家庭经营性收入为2147.17元，占到了总收入的67.12%；2008年家庭经营性收入为2856.34元，占到了总收入的59.30%；2010年家庭经营性收入为3467.59元。虽然家庭经营性收入占总收入的比重最大，但是所占比重的值在不断减少。而且家庭经营性收入中主要以农业经营收入为主，基本上都是占到了50%以上，从2005年的60.67%，下降到2008年的53.41%，再进一步下降到2010年的49.16%。在收入中占据相对重要的就是工资性收入，基本上都占到了总收入的30%以上，而且每年的绝对值都在不断增加，所占总收入的比重也在增加。2005年工资性收入为934.57元，占据2005年总收入的29.22%；2008年工资性收入为1703.80元，占据2008年总收入的35.37%；2010年工资性收入为2252.66元，占据2010年总收入的36.38%。这归因于新世纪中国城镇化加速，农村大量剩余劳动力外出务工的结果。转移性收入在调查年份一直在上升，这一点和2004年中央政府全面实施农村税费改革，加大对农村扶持力度相关。财产性收入占总收入的份额较低，总体呈现了增加的趋势。

表 6-1　2005、2008 和 2010 年湖北农村人均纯收入及分项收入（元）

收入类型	2005 年	比重	2008 年	比重	2010 年	比重
人均纯收入	3198.8	—	4816.47	—	6192.65	—
工资性收入	934.57	29.22%	1703.8	35.37%	2252.66	36.38%
家庭经营性收入	2147.17	67.12%	2856.34	59.30%	3467.59	56.00%
其中：农业经营收入	1940.75	60.67%	2572.28	53.41%	3044.12	49.16%
非农经营收入	206.42	6.45%	284.06	5.90%	423.47	6.84%
财产性收入	17.66	0.55%	40.71	0.85%	109.85	1.77%
转移性收入	99.41	3.11%	215.62	4.48%	362.56	5.85%

表 6-2 所示的是 2005、2008 和 2010 年各类收入类型的不均等测算，用极值差方法可以看出，农村收入不均等情况持续恶化，2005 年样本中最高人均纯收入与最低人均纯收入之间的差为 44583.5 元，2010 年样本中最高人均纯收入与最低人均纯收入之间的差已达到 84076 元，增长接近一倍；就工资性收入而言，最高工资性收入与最低工资性收入之间的差由 2005 年的 6535 元上升至 2010 年 72620 元；家庭经营收入的极值差由 2005 年 45355.1 元增加到 2010 年 83840.2 元，是各类分项收入中极差最大的，其中农业经营收入的极差值由 43747.7 元增长到 83840.12 元；财产转移性收入极差、转移性收入极差均较小。通过方差的测算得出，2005 年人均纯收入的方差为 2240.1，其中工资性收入的方差为 1019.8；2010 年人均纯收入的方差为 4812.02，其中工资性收入的方差为 3161.47；2005 年家庭经营收入的方差为 2101.9，其中农业经营收入的方差为 2004.1，非农业经营收入的方差为 830.1，2010 年家庭经营收入的方差为 3936.07，其中农业经营收入的方差已达到 3665.73，非农业经营收入的方差为 1800.88；财产性收入的方差由 2005 年的 146.8 上升至 2010 年的 625.3；转移性收入的方差由 2005 年 347.7 上升到 880.76。由基尼系数测

算得出，总体的基尼系数由 2005 年的 0.32 上升至 2010 年的 0.34，其中财产性收入和转移性收入的基尼系数均较高，都超过了 0.80；工资性收入的基尼系数波动较小；家庭经营收入的基尼系数最小，为 0.45 左右，但是非农经营收入基尼系数均超过 0.90，表明非农经营收入存在很大差距。

表 6-2　2005、2008 和 2010 年湖北农村收入不均等测算

收入类型	2005 年			2008 年			2010 年		
	极值差	方差	基尼系数	极值差	方差	基尼系数	极值差	方差	基尼系数
人均纯收入（元）	44583.5	2240.1	0.32	54471.79	3414.95	0.33	84076	4812.02	0.34
工资性收入（元）	6535.0	1019.8	0.5388	13216.67	1870.65	0.5367	72620	3161.47	0.5346
家庭经营收入（元）	45355.1	2101.9	0.4238	50105.34	3043.55	0.4613	83840.1	3936.07	0.4852
其中：农业经营收入（元）	43747.7	2004.1	0.4298	47105.34	2834.67	0.4681	83840.1	3665.73	0.4954
非农经营收入（元）	15848.0	830.1	0.9195	20750.56	1295.74	0.9413	26965.6	1800.88	0.9332
财产性收入（元）	4812.9	146.8	0.9511	4368.973	185.895	0.9066	12061.7	625.273	0.9257
转移性收入（元）	7684.7	347.7	0.8037	15000	622.44	0.6995	10620.8	880.76	0.7017

二、湖北农村收入不均等与贫困的描述性分析

利用国家统计局公布的 2005 年、2008 年、2010 年贫困线（以下简称国定贫困线）、世界银行公布的 1 美元/天贫困线（以下简称 1 美元线）和 2 美元/天贫困线（以下简称 2 美元线）3 条贫困线，分别度量 2005 年、2008 年和 2010 年湖北农村家庭贫困状况。伴随着农村人均纯收入的增加，在国定贫困线和国际贫困线下农村贫困发生率都呈现了总体下降的趋势（见表 6-3）。

利用不同贫困线度量湖北农村的贫困，结果呈现出较大的差异，其一，

从贫困发生率来看，国定贫困线度量结果在3.11%～6.45%，1美元线度量结果12.59%～55.08%，2美元线度量结果在46.51%～91.50%；其二，从贫困深度来看，国定贫困线度量结果在1.88%～2.52%，1美元线度量结果在4.89%～20.66%，2美元线度量结果在17.28%～49.62%；其三，从贫困严重性来看，国定贫困线度量结果在1.17%～11.61%，1美元线度量结果在4.55%～10.70%；2美元线度量结果在9.88%～31.13%。

表6-3 2005年、2008年、2010年湖北农村收入不均等与贫困状况（国定线）

年份	收入不均等			贫困程度		
	极值差	方差	基尼系数	贫困发生率	贫困深度	贫困严重性
2005年	44583.5	2240.1	0.32	6.45%	1.88%	1.17%
2008年	54471.79	3414.95	0.33	6.37%	2.52%	1.77%
2010年	84076	4812.02	0.34	3.11%	2.42%	11.61%

表6-4 2005年、2008年、2010年湖北农村收入不均等与贫困状况（1美元线）

年份	收入不均等			贫困程度		
	极值差	方差	基尼系数	贫困发生率	贫困深度	贫困严重性
2005年	44583.5	2240.1	0.32	55.08%	20.66%	10.70%
2008年	54471.79	3414.95	0.33	22.31%	8.05%	4.55%
2010年	84076	4812.02	0.34	12.59%	4.89%	5.69%

表6-5 2005年、2008年、2010年湖北农村收入不均等与贫困状况（2美元线）

年份	收入不均等			贫困程度		
	极值差	方差	基尼系数	贫困发生率	贫困深度	贫困严重性
2005年	44583.5	2240.1	0.32	91.50%	49.62%	31.13%
2008年	54471.79	3414.95	0.33	63.13%	25.25%	14.05%
2010年	84076	4812.02	0.34	46.51%	17.28%	9.88%

从收入不均等与贫困的变化趋势来看，尽管从2005年到2010年湖北农村人均收入呈现持续增长的趋势，利用国定贫困线、1美元线和2美元线度量的三个贫困指标在3个调查年份部分指标呈现上下波动的趋势。这反映了贫困的动态性，越是贫困的人口越可能频繁地进出贫困。收入的增长可能没

有完全惠及贫困的人口，表明湖北农村的收入差距变化较大。采用 2 美元线度量结果则呈现贫困发生率、贫困深度和贫困严重性持续下降。由此可见，收入贫困的度量对贫困线的选择是很敏感的，采用不同的贫困线度量结果会呈现出差异，并且趋势不一。选择高贫困线度量贫困会和收入呈现相似的变动趋势，而采用低贫困线度量则关注收入最低的人口和家庭，其贫困发生的状况并不一定和收入变化呈现相似的趋势。湖北农村地区人均纯收入从 2005 年的 3198.8 元增长到 2010 年的 6192.65 元。与此同时，基尼系数 2005 年至 2010 年呈上升趋势，从 2005 年的 0.32 到 2010 年的 0.34，人均纯收入的方差和极值差均呈现持续扩大趋势，收入分配状况持续恶化，收入分配的不平等在不断地弱化收入增长所带来的减贫效果。收入的不平等加剧了农村贫困人口的生活状况，在农村居民收入不断上涨的条件下，由于农村收入分配的不平等，农村贫困人口和农村整体的差距也在不断地扩大，这使得他们的生活状况变得更加恶化。经济的增长带动了人民生活水平的提高，但是贫困人口与整体之间的差距则越来越大，贫困人口的生活水平相对于社会整体的进步相对滞后。

第二节 分项收入不均等对贫困的影响程度

一、分项收入不均等对贫困发生率的影响程度

根据湖北省 2005 年、2008 年和 2010 年的农村家庭调查数据，按照本书前述不均等分解法和贫困水平要素分解法，将总不均等和总贫困按照分项收

入进行分解，获得了如下结果：

以贫困发生率作为贫困度量指标，表6-6展示在国定贫困线、1美元线和2美元线下各分项收入不均等对贫困发生率的影响。其中正（负）值代表各分项收入不均匀分配后带来贫困的增加（减少），绝对值越大说明收入不均等对贫困的影响程度越大。值得注意的是，无论采用哪条贫困线，各分项收入不均等对贫困的效应加总恰好等于实际贫困水平。这说明样本农村家庭贫困的出现完全是由于收入不均等引致的，意味着在收入完全均匀分配的情况下，湖北农村有足够的资源去消除贫困。当然，对各项收入进行均等分配在短期内是不可能的，例如，工资性收入和家庭经营收入更多由家庭资本及其配置所决定，而家庭资本特别是人力资本并不能通过短期积累所获得。为此，需要政府出台相关福利政策来调节这些不均等造成的总收入差距和贫困。

从分项收入不均等对贫困影响程度的方向来看，在所调查的年份，本地工资性收入、外地工资性收入、农业经营收入、非农经营收入、财产性收入、养老金、救济金和粮食直补不均等对贫困的效应均为正值，说明这些收入的不均等带来了贫困的上升。在个别年份，其他转移性收入不均等对贫困的效应近乎为零，说明在绝大部分情况下，其他转移收入的不均等分配也带来了贫困的上升。

从各类收入不均等对贫困的影响程度大小来看，无论采用哪条贫困线，家庭经营收入不均等对贫困的影响程度都最大，其次是工资性收入，转移性收入不均等对贫困的影响程度加总大于财产性收入。以2010年国定贫困线下分解结果为例，家庭经营收入对贫困的绝对影响程度为56.476，两项工资性收入的影响程度加总为25.358,转移性收入影响程度加总为7.808,而财产性收入的影响程度仅1.859。在工资性收入中,绝大部分年份,外地工资性收入不均等对贫困的影响程度都大于本地工资性收入的影响程度。在转移性收入中,粮食直补的不均等对贫困的影响程度最大,救济金收入和其他转移支付不均等对贫困的影响程度都较微弱。各类收入不均等对贫困的相对影响程度和各类收入对收入不均等的相对影响程度比较接近。显然,分项收入对收入不均等的影响程度和分项收入不均等对贫困的影响程度大小在很大程度上依赖于各项收入在总收入中的重要性。

分年度来看分项收入不均等对贫困影响程度的变化趋势,家庭经营收入不均等对贫困的绝对影响程度明显上升,国定贫困线下其绝对影响程度从2005年的4.991上升到2010年56.476,但其在总贫困中所占的比重从77.384%下降到61.722%。本地工资性收入不均等对贫困的绝对影响程度有所上升,但其在总贫困中的比重呈现出波动中有所下降,国定贫困下相对影响程度从10.341%下降到4.245%。外地工资性收入不均等对贫困的绝对影响程度和相对影响程度都呈现出明显的上升趋势,绝对影响程度从0.521上升到21.474,相对影响程度从8.083%上升到23.469%。财产性收入和养老金收入不均等对贫困绝对影响程度和相对影响程度呈现上升趋势,国定贫困线下绝对影响程度分别从2005年的0.723、0.109上升到2010年的2.032、2.254。粮食直补收入不均等对贫困的绝对影响程度呈现出上升的趋势,相对影响程度在波动中上升,国定贫困线下绝对影响程度从2005年的3.259上升到2010年的5.567。其他转移性收入不均等对贫困绝对影响程度和相对影响程度上下波动,没有明显的规律。

表 6-6　分项收入不均等对贫困发生率的影响程度

收入组分	国定贫困线			1 美元线			2 美元线		
	2005 年	2008 年	2010 年	2005 年	2008 年	2010 年	2005 年	2008 年	2010 年
绝对影响程度									
(一) 工资性收入	1.1883	13.1323	25.3577	1.2874	7.2867	19.1709	0.5730	3.0017	12.8895
本地工资收入	0.6670	2.2922	3.8838	0.3230	0.6724	1.9274	0.3216	0.5239	1.9742
外地工资收入	0.5213	10.8401	21.4739	0.9644	6.6143	17.2435	0.2514	2.4778	10.9153
(二) 家庭经营收入	4.9913	38.1787	56.4758	4.8221	14.1350	37.3213	2.4291	8.9217	29.6518
农业经营收入	3.6033	32.7125	43.1483	3.7549	12.3921	28.4585	1.7374	7.4773	21.9325
非农经营收入	1.3880	5.4662	13.3275	0.9918	1.5696	7.4343	0.6692	1.2494	6.7745
(三) 财产性收入	0.0466	0.8527	1.8588	0.0754	0.1733	1.4284	0.0225	0.1949	0.9449
(四) 转移性收入	0.2238	2.9163	7.8077	0.2605	0.8883	6.6379	0.1079	0.6666	3.9687
养老金	0.0070	0.9743	2.0621	0.1092	0.2000	0.4707	0.0034	0.2227	1.0482
救济金	0.0058	0.0457	0.4050	0.0137	0.0053	1.4735	0.0028	0.0104	0.2059
粮食直接补贴收入	0.2102	1.8963	5.0933	0.1189	0.6830	4.5598	0.1013	0.4334	2.5890
其他转移性收入	0.0007	0.0000	0.2472	0.0187	0.0000	0.1338	0.0004	0.0000	0.1257
总和	6.45	55.08	91.5	6.37	22.31	63.13	3.11	12.59	46.51
相对影响程度									
(一) 工资性收入	18.4235	23.8422	27.7133	20.2108	32.6613	30.3673	18.4235	23.8422	27.7133
本地工资收入	10.3409	4.1616	4.2446	5.0708	3.0139	3.053	10.3409	4.1616	4.2446
外地工资收入	8.0826	19.6806	23.4687	15.14	29.6474	27.3143	8.0826	19.6806	23.4687

续表 6-6

收入组分	国定贫困线			1美元线			2美元线		
	2005年	2008年	2010年	2005年	2008年	2010年	2005年	2008年	2010年
	绝对影响程度								
（二）家庭经营收入	77.3844	69.315	61.7222	75.7001	63.3573	59.1181	78.1072	70.8632	63.7537
农业经营收入	55.8652	59.3909	47.1566	58.9472	55.545	45.0792	55.8652	59.3909	47.1566
非农经营收入	21.5192	9.9241	14.5656	15.5697	7.0355	11.7762	21.5192	9.9241	14.5656
（三）财产性收入	0.7228	1.5482	2.0315	1.1832	0.7768	2.2627	0.7228	1.5482	2.0315
（四）转移性收入	3.4692	5.2946	8.533	4.0891	3.9814	10.5146	3.4692	5.2946	8.533
养老金	0.1091	1.7689	2.2537	1.7139	0.8964	0.7456	0.1091	1.7689	2.2537
救济金	0.0901	0.0829	0.4426	0.2144	0.0237	2.3341	0.0901	0.0829	0.4426
粮食直接补贴收入	3.2585	3.4428	5.5665	1.8671	3.0613	7.2229	3.2585	3.4428	5.5665
其他转移性收入	0.0115	0	0.2702	0.2937	0	0.212	0.0115	0	0.2702

二、分项收入不均等对贫困深度的影响程度

对以贫困深度作为贫困度量指标进行了分析，表 6-7 展示在国定贫困线、1美元线和2美元线下各分项收入不均等对贫困深度的影响。其中正（负）值代表各分项收入不均匀分配后带来贫困的增加（减少），绝对值越大说明收入不均等对贫困的影响程度越大。同样值得注意的是，无论采用哪条贫困线，各分项收入不均等对贫困的效应加总恰好等于实际贫困水平。从分项收入不均等对贫困影响程度的方向来看，在所调查的年份，本地工资性收入、外地

工资性收入、农业经营收入、非农经营收入、财产性收入、养老金、救济金和粮食直补不均等对贫困的效应均为正值，说明这些收入的不均等带来了贫困的上升。在个别年份，其他转移性收入不均等对贫困的效应近乎为零，说明在绝大部分情况下，其他转移收入的不均等分配也带来了贫困的上升。

从各类收入不均等对贫困深度的影响程度大小来看，无论采用哪条贫困线，家庭经营收入不均等对贫困的影响程度都最大，其次是工资性收入，转移性收入不均等对贫困的影响程度加总大于财产性收入。以2010年国定贫困线下分解结果为例，家庭经营收入对贫困的绝对影响程度为46.011，两项工资性收入的影响程度加总为2.337，转移性收入影响程度加总为1.273，而财产性收入的影响程度仅0.104。在工资性收入中，外地工资性收入不均等对贫困的影响程度都大于本地工资性收入的影响程度。在转移性收入中，粮食直补不均等对贫困的影响程度最大，其次是救济金收入，其他转移支付不均等对贫困深度的影响程度则较微弱。各类收入不均等对贫困深度的相对影响程度和各类收入对收入不均等的相对影响程度比较接近。显然，分项收入对收入不均等的影响程度和分项收入不均等对贫困的影响很大程度上依赖于各项收入在总收入中的重要性。

分年度来看分项收入不均等对贫困影响程度的变化趋势，家庭经营收入不均等对贫困的绝对影响程度明显上升，国定贫困线下其绝对影响程度从2005年的1.509上升到2010年46.011，但其在总贫困中所占的比重有所波动，从80.263%上升到92.726%。本地工资性收入不均等对贫困的绝对影响程度较为波动，其在总贫困中的比重呈现下降趋势，国定贫困下相对影响程度从2.938%下降到0.309%。外地工资性收入和财产性收入不均等对贫困的绝对影响程度和相对影响程度上下波动，未能呈现出明显的趋势。养老金收入不均等对贫困绝对影响程度呈现上升趋势，国定贫困线下绝对影响程度从2005年的0.016上升到2010年的0.343，但相对影响程度出现上下波动。粮食直补收入不均等对贫困的绝对影响程度呈现出上升的趋势，相对影响程度在波动中上升，国定贫困线下绝对影响程度从2005年的0.024上升到2010年的0.868。其他转移性收入不均等对贫困绝对影响程度和相对影响程度上下波动，没有明显的规律。

表6-7 分项收入不均等对贫困深度的影响程度

收入组分	国定贫困线			1美元线			2美元线		
	2005年	2008年	2010年	2005年	2008年	2010年	2005年	2008年	2010年
	绝对影响程度								
（一）工资性收入	0.3259	5.0886	2.3365	0.5379	2.3063	3.6741	0.4442	1.3493	4.3289
本地工资收入	0.0552	0.3186	0.1533	0.1286	0.1694	0.0668	0.1573	0.1434	0.4456
外地工资收入	0.2707	4.7701	2.1831	0.4093	2.1369	3.6073	0.2869	1.2059	3.8833
（二）家庭经营收入	1.5089	15.2359	46.0105	1.8714	5.4714	20.7290	1.8910	3.3106	11.6299
农业经营收入	1.1071	13.5906	41.6097	1.5524	4.9127	17.9332	1.4808	2.8780	9.0820
非农经营收入	0.3664	1.1740	4.2971	0.2823	0.5530	2.5813	0.3803	0.3943	2.2132
（三）财产性纯收入	0.0354	0.4713	0.1037	0.0367	0.0057	0.2145	0.0299	0.0383	0.3347
（四）转移性收入	0.0451	0.3355	1.2731	0.1107	0.2723	0.8469	0.0848	0.2301	1.3212
养老金	0.0157	0.1939	0.3432	0.0457	0.0788	0.4195	0.0206	0.0505	0.2946
救济金	0.0044	0.0053	0.0534	0.0113	0.0056	0.0046	0.0064	0.0019	0.0611

续表 6-7

收入组分	国定贫困线			1 美元线			2 美元线		
	2005年	2008年	2010年	2005年	2008年	2010年	2005年	2008年	2010年
绝对影响程度									
粮食直接补贴收入	0.0239	0.1363	0.8679	0.0500	0.1879	0.4156	0.0573	0.1777	0.9414
其他转移性收入	0.0012	0.0000	0.0086	0.0038	0.0000	0.0072	0.0005	0.0000	0.0241
总和	1.88	20.66	49.62	2.52	8.05	25.25	2.42	4.89	17.28
相对影响程度									
(一) 工资性收入	17.3356	24.6303	4.7087	21.3449	28.6501	14.5509	18.3552	27.5929	25.0515
本地工资收入	2.9383	1.5419	0.309	5.1043	2.1042	0.2647	6.5001	2.9328	2.5789
外地工资收入	14.3973	23.0884	4.3997	16.2406	26.5459	14.2862	11.8551	24.6601	22.4726
(二) 家庭经营收入	80.2629	73.7458	92.7257	74.2623	67.9677	82.0951	78.1404	67.7023	67.3026
农业经营收入	58.8875	65.782	83.8568	61.6013	61.0277	71.0226	61.1898	58.8551	52.558
非农经营收入	19.4908	5.6827	8.66	11.2041	6.8691	10.2228	15.7135	8.0636	12.8078
(三) 财产性收入	1.8846	2.2811	0.2089	1.4569	0.0709	0.8497	1.2371	0.7836	1.9368
(四) 转移性收入	2.4015	1.6239	2.5657	4.3927	3.3821	3.3541	3.5044	4.7048	7.6459
养老金	0.8344	0.9387	0.6917	1.812	0.9785	1.6615	0.8495	1.033	1.7049
救济金	0.2318	0.0256	0.1077	0.4469	0.0696	0.0181	0.2658	0.0386	0.3538
粮食直接补贴收入	1.2732	0.6596	1.749	1.9837	2.334	1.6458	2.3678	3.6332	5.448
其他转移性收入	0.0621	0	0.0173	0.1501	0	0.0287	0.0213	0	0.1392

三、分项收入不均等对贫困严重性的影响程度

以贫困严重性作为贫困度量指标,表6-8展示在国定贫困线、1美元线和2美元线下各分项收入不均等对贫困严重性的影响。其中正(负)值代表各分项收入不均匀分配后带来贫困的增加(减少),绝对值越大说明收入不均等对贫困的影响程度越大。值得注意的是,无论采用哪条贫困线,各分项收入不均等对贫困的效应加总恰好等于实际贫困水平。从分项收入不均等对贫困影响程度的方向来看,在所调查的年份,本地工资性收入、外地工资性收入、农业经营收入、非农经营收入、财产性收入、养老金、救济金和粮食直补不均等对贫困的效应均为正值,说明这些收入的不均等带来了贫困的上升。在个别年份,其他转移性收入不均等对贫困的效应近乎为零,说明在绝大部分情况下,其他转移收入的不均等分配也带来了贫困的上升。

从各类收入不均等对贫困严重性的影响程度大小来看,无论采用哪条贫困线,家庭经营收入不均等对贫困严重性的影响程度都最大,其次是工资性收入,转移性收入不均等对贫困严重性的影响程度加总大于财产性收入。以2010年国定贫困线下分解结果为例,家庭经营收入对贫困严重性的绝对影响程度为29.161,两项工资性收入的影响程度加总为0.947,转移性收入影响程度加总为1.023,而财产性收入的影响程度仅0.039。在工资性收入中,外地工资性收入不均等对贫困严重性的影响程度都大于本地工资性收入的影响程度。在转移性收入中,粮食直补和养老金不均等对贫困的影响程度较大,救济金收入和其他转移支付不均等对贫困严重性的影响程度都较微弱。各类收入不均等对贫困的相对影响程度和各类收入对收入不均等的相对影响程度比

较接近。同样，分项收入对收入不均等的影响程度和分项收入不均等对贫困的影响很大程度上依赖于各项收入在总收入中的重要性。

分年度来看，分项收入不均等对贫困严重性影响程度的变化趋势，家庭经营收入不均等对贫困严重性的绝对影响程度明显上升，国定贫困线下其绝对影响程度从 2005 年的 1.038 上升到 2010 年 29.161，但其在总贫困中所占的比重从 88.688% 先下降到 76.692%，后上升至 93.674%。本地工资性收入不均等对贫困的绝对影响程度有所上升，但其在总贫困中的比重呈现出波动中有所下降，国定贫困线下相对影响程度从 1.801% 下降到 0.508%。外地工资性收入不均等、财产性收入不均等对贫困的绝对影响程度和相对影响程度都未呈现出明显的上升趋势。粮食直补收入不均等对贫困绝对影响程度和相对影响程度呈现上升趋势，国定贫困线下绝对影响程度分别从 2005 年的 0.005 上升到 2010 年的 0.836，相对影响程度分别从 2005 年的 0.420 上升到 2010 年的 2.687。养老金收入不均等对贫困的绝对影响程度呈现出上升的趋势，相对影响程度在波动中上升，国定贫困线下绝对影响程度从 2005 年的 0.005 上升到 2010 年的 0.156。其他转移性收入不均等对贫困绝对影响程度和相对影响程度上下波动，没有明显的规律。

表 6-8　分项收入不均等对贫困严重性的影响程度

收入组分	国定贫困线			1 美元线			2 美元线		
	2005 年	2008 年	2010 年	2005 年	2008 年	2010 年	2005 年	2008 年	2010 年
	绝对影响程度								
（一）工资性收入	0.1204	2.3462	0.9469	0.3726	1.2178	0.6135	2.2862	1.6112	1.4502
本地工资收入	0.0211	0.1311	0.1581	0.0800	0.0807	0.0364	0.6490	0.1467	0.0499

续表 6-8

收入组分	国定贫困线			1美元线			2美元线		
	2005年	2008年	2010年	2005年	2008年	2010年	2005年	2008年	2010年
绝对影响程度									
外地工资收入	0.0993	2.2151	0.7888	0.2927	1.1371	0.5771	1.6372	1.4645	1.4003
(二)家庭经营收入	1.0376	8.2060	29.1606	1.3238	3.2170	13.0609	8.8776	3.8503	8.1045
农业经营收入	0.4613	7.3511	26.7565	1.0951	2.9102	11.8803	7.1254	3.4064	6.9024
非农经营收入	0.5634	0.4639	2.3651	0.1970	0.2879	1.1515	1.5848	0.4239	1.1014
(三)财产性纯收入	0.0130	0.3910	0.0390	0.0318	0.0188	0.0291	0.1673	0.0200	0.1008
(四)转移性收入	0.0119	0.1477	1.0225	0.0735	0.1152	0.3756	0.4462	0.2285	0.3253
养老金	0.0050	0.0825	0.1560	0.0269	0.0470	0.0950	0.1499	0.0557	0.1254
救济金	0.0016	0.0159	0.0241	0.0094	0.0025	0.0120	0.0414	0.0032	0.0071
粮食直接补贴收入	0.0049	0.0493	0.8363	0.0352	0.0657	0.2659	0.2484	0.1696	0.1864
其他转移性收入	0.0004	0.0000	0.0061	0.0020	0.0000	0.0027	0.0065	0.0000	0.0063
总和	1.17	10.7	31.13	1.77	4.55	14.05	11.61	5.69	9.88
相对影响程度									
(一)工资性收入	10.2945	21.9273	3.0417	21.053	26.765	4.3667	19.6919	28.3157	14.6781
本地工资收入	1.8066	1.2251	0.5079	4.5182	1.7737	0.2591	5.5902	2.5783	0.5052
外地工资收入	8.4879	20.7022	2.5338	16.5348	24.9913	4.1076	14.1017	25.7374	14.1729
(二)家庭经营收入	88.688	76.6919	93.6737	74.7928	70.7029	92.9599	76.4651	67.6686	82.0297
农业经营收入	39.4264	68.7022	85.9508	61.8707	63.9611	84.5571	61.3732	59.8661	69.8624

续表 6-8

收入组分	国定贫困线			1 美元线			2 美元线		
	2005年	2008年	2010年	2005年	2008年	2010年	2005年	2008年	2010年
	绝对影响程度								
非农经营收入	48.1536	4.3351	7.5976	11.1279	6.3284	8.1957	13.6506	7.4502	11.1473
（三）财产性纯收入	1.108	3.6546	0.1253	1.7942	0.4134	0.2071	1.4413	0.3523	1.02
（四）转移性收入	1.0175	1.3807	3.2847	4.1541	2.532	2.6733	3.843	4.0157	3.2921
养老金	0.4262	0.7714	0.501	1.5217	1.0322	0.676	1.2909	0.9786	1.2693
救济金	0.1343	0.1483	0.0775	0.5297	0.0554	0.0857	0.3565	0.0566	0.0717
粮食直接补贴收入	0.4203	0.461	2.6865	1.9902	1.4444	1.8927	2.1397	2.9805	1.887
其他转移性收入	0.0367	0.0000	0.0197	0.1125	0.0000	0.0189	0.0559	0.0000	0.0641

分项收入不均等对贫困影响程度的变化取决于各项收入所占份额的变化及其收入不均等程度的变化。以贫困缺口作为贫困度量指标时为例，在调查的 2005 年、2008 年和 2010 年三个年份中，家庭经营收入占总收入的份额下降了 11.12%，而其对收入不均等的影响程度没有特别明显的变化趋势，所以是前者导致了其对贫困的影响程度下降。如果能够继续控制甚至减少其对收入不均等的影响程度，随着家庭经营收入份额的进一步下降，其对贫困的影响程度下降幅度会更大。本地工资性收入所占总收入的份额及其对不均等的影响程度都在波动中上升，导致了其对总贫困的影响程度也在波动中上升。外地工资性收入占总收入的份额呈现出稳定上升趋势，其对收入不均等的影响程度也不断增加，因此，其对总贫困的影响程度呈现明显的上升趋势。政府的救济和养老收入占总收入的份额都呈现上升趋势，但是由于所占份额非

常低，而且它们对总收入不均等的影响程度没有明显变化，因此其对贫困的影响程度变化趋势不很明显。相比较而言，补贴性收入占总收入的份额上升较快，从2005年、2008年和2010年的趋势来看，对收入不均等的影响程度明显上升，导致了其对贫困的影响程度呈现较快的上升趋势。

第三节 本章小结

湖北农村地区人均纯收入在调查的年份呈现上升趋势，与此同时，收入差距也在进一步扩大，人均纯收入的方差和极值差、基尼系数均有所增加，基尼系数从2005年的0.32上升至2010年的0.34，湖北农村收入分配状况持续恶化。同时，收入不均等程度弱化了收入增长所带来的减贫效果，加剧了农村贫困人口的生活状况。在农村居民收入不断上涨的条件下，由于农村收入分配的不平等，农村贫困人口和农村整体的差距也在不断地扩大，这使得他们的生活状况变得更加恶化。虽然经济的增长带动了人民生活水平的提高，但是贫困人口与整体之间的差距则越来越大，贫困人口的生活水平相对于社会整体的进步相对滞后。

从制定有效的扶贫政策角度上讲，厘清各分项收入不足或其不均等对贫困的效应比仅仅比较总收入不足和总收入不均等对贫困的影响程度更有意义。本书采用贫困和不均等分解方法，实证分析分项收入不均等对湖北农村贫困的影响程度，回归结果表明：①当前的湖北农村贫困完全是由于各项收入的不均等分配造成的，由家庭资本及其配置所决定的家庭经营收入不均等是贫困的主要致因，尽管其不均等程度在扩大，但由于其在总收入中所占的份额快速下降，其对贫困的效应在不断下降；② 与城镇化相关的工资性收入不均等是导致贫困的重要原因，而且其效应在不断上升；③ 救济性和养老收入在一定程度上指向了贫困人口，其偏向贫困人口的不均等分配有助于贫困缓解，带有普惠性质的补贴性收入并没有让农村贫困人口获得更多的利益，不但没有缓解贫困，反而在一定程度上增加了贫困，其指向生产经营能力强的农村家庭激励式补贴方式导致了贫困的上升。因此，调整政府各类转移性支出以瞄准最贫困的人口是至关重要的，提高救济和养老性支出的瞄准精度是提升这两类支出扶贫效率的重要手段；贫困人口无法从普惠性质的补贴中获取更多的利益，需要改变补贴方式，提升其对赤贫农村家庭生产激励效应。

第七章
主要结论与对策建议

第一节 主要结论

一、收入不均等对减贫的阻滞效应明显

经济的高速增长一直是中国改革开放以来最为明显的特征，在过去的扶贫过程中起着重要的推动作用，是过去促进中国减贫的关键动力，并取得了举世瞩目的成就。然而，随着中国经济的不断增长，收入的差距越来越明显，不断加剧了收入的不均等，此时，经济增长对贫困减少的作用力持续下降，越来越严重的收入不均等可能会阻碍减贫的效用。收入不均等程度的变大将会使得贫困群体与富裕群体的差距越来越大，进而贫困群体脱贫的难度也越来越大。新时期扶贫的动力不能再依赖于高速的经济增长，而要转变为如何通过缩小收入不均等的程度来减少贫困。

二、湖北农村收入不均等程度加重，财产性收入极度不均等

本书通过实证测算得出，从极值差、极值比、方差、变异系数、基尼系数、泰尔指数几个方面都得出了一致的结论：农村家庭收入不均等程度随着年份的增加而变得越来越严重。基尼系数和泰尔指数是两个衡量收入不均等程度的重要指标。2005 年湖北地区农村地区的基尼系数是 0.32，2008 年的基尼系数为 0.33，2010 年的基尼系数是 0.34。由此可见，湖北省农村家庭收入差距不大，其不均等程度处于较为合理的水平。由泰尔指数测量结果得出，2005 年的泰尔指数为 0.1832，2008 年的泰尔指数为 0.2038，2010 年的泰尔指数为 0.2078，泰尔指数值在逐年提升，说明湖北农村的相对贫困在不断恶化。2005 年、2008 年和 2010 年的财产性收入基尼系数均大于 0.9，表明湖北农村地区农村家庭的财产性收入有严重的不均等。

三、生产性固定资产是影响湖北农村收入不均等的主要因素

从不同收入来源对收入不均等的影响程度来看，家庭经营收入对收入不均等的影响程度最大，其次为工资性收入、财产性收入和转移性收入的影响程度率较低，且持续下降。从区域因素对收入不均等的影响程度来看，不论是分地形、分区域还是分地区考察，农村家庭收入不均等主要来自组内差距而非组间差距。采用基于回归分解方法考察农村家庭收入不均等的影响因素，结果表明，农村家庭收入差距主要来自于生产性资产的差异，2005 年、2008 年和 2010 年生产性资产差异对收入不均等的影响程度率均超过了 60%。培训劳动力占比差异是造成收入不均等的重要因素，2005 年、2008 年和 2010 年

对农村家庭收入不均等的影响程度率均超过了10%，家庭平均受教育程度对农村家庭收入不均等的影响程度率也较高。家庭平均年龄、家庭规模和劳动力占比也在一定程度上加大了收入不均等程度。因此，低收入农村家庭积累生产性资产对缩小相对贫困是重要的，更加合理的耕地分配承包制度以保障农村家庭耕地面积公平性对于缩小农村内部收入差距具有积极意义。加大低收入的职业技能培训，提高低收入农村家庭受教育程度也是缩小收入差距的有效途径。

四、湖北农村贫困发生率逐年下降，但贫困深度和严重性逐年上升

自改革开放以来，一系列针对贫困和经济社会发展的政策和制度的改革，对缓解贫困起到了重要作用。对湖北农村数据的测算结果表明，不管是以收入、消费还是食物作为贫困维度，也不管是以国定贫困线还是以1美元线、2美元线作为贫困测量标准，湖北农村地区的贫困发生率都随着年份的增加而降低。国定贫困线标准的收入贫困从2005年的6.45%下降到2008年的6.33%继而下降到2010年的3.11%；1美元线标准的收入贫困从2005年的55.08%下降到2008年的22.31%再到2010年的12.59%。其他贫困维度在不同贫困线标准下的贫困发生率也呈现逐年下降的趋势，这表明，随着年份的增加，湖北地区的贫困状况得到了有效缓解。但是，从贫困深度和贫困强度的测量结果可以得出，湖北农村地区贫困人口的贫困深度和严重性在增加，贫困深度和贫困严重性反映了贫困人口的收入与贫困线的差距，因此，我们可以得出，湖北农村地区贫困人口的收入越来越远离贫困线，也就是说，贫困人口的数

量虽然降低了，但是，相对来说，贫困的那部分人口的收入却越来越低了，总体群体的收入差距变得越来越大。

五、家庭人力资本和地理特征是影响湖北农村贫困的主要因素

通过对湖北地区农村家庭贫困影响因素的分析可以得出，影响农村家庭贫困的因素越来越多样化。实证测量结果表明，人力资本是影响农村家庭贫困的主要因素，家庭成员人均年龄、家庭成员平均受教育水平、培训劳动力占比等人力资本要素制约了农村家庭的脱贫。同时，资产状况也是制约农村家庭脱贫的因素，包括生产性固定资产原值、土地面积等因素影响了农村家庭的贫困状态。最后，区域因素对农村家庭贫困状态的影响也不容忽视，平原、山区和丘陵地区的农村家庭的贫困分布呈现差异，因此，在制定精准扶贫政策时，要充分考虑到不同类型农村家庭致贫因素的差异性。

六、湖北农村贫困完全是由于各项收入的不均等所造成的

通过对湖北农村地区的住户数据进行实证分析，采用不均等分解法和贫困水平要素分解法，将总不均等和总贫困按照分项收入进行分解的结果显示，当前湖北农村地区的贫困不是由于收入不足造成的，而完全是由于各项收入的不均等分配造成的。单纯地提高农村地区整个群体的收入已经不能有效地缓解农村贫困，如何缩小农村地区的收入不均等程度将成为制定减贫政策关注的焦点。这个结果对于我们制定扶贫政策有很重要的现实指导意义，过去以高速经济增长带动贫困减少的减贫模式对减贫效应有限，应逐渐调整收入分配政策，以缩小农村内部收入不均等，从而减少农村贫困人口数量。

七、湖北农村家庭经营收入的不均等是影响贫困的主要因素

从制定有效的扶贫政策角度上讲,厘清各分项收入不足或其不均等对贫困的效应比仅仅比较总收入不足和总收入不均等对贫困的影响程度更有意义。本书采用贫困和不均等分解方法,实证分析分项收入不均等对湖北农村贫困的影响程度,回归结果表明,当前的湖北农村贫困完全是由于各项收入的不均等分配造成,由家庭资本及其配置所决定的家庭经营收入不均等是贫困的主要致因,尽管其不均等程度在扩大,但由于其在总收入中所占的份额快速下降,其对贫困的效应在不断下降;救济性和养老收入在一定程度上指向了贫困人口,其偏向贫困人口的不均等分配有助于缓解贫困。

八、转移性支付加重了农村家庭收入不均等程度,导致了贫困率上升

转移性支付对降低农民负担、增加农村家庭收入有积极的意义,但本书分析结果表明,带有普惠性质的转移性支付并没有让农村贫困人口获得更多的利益,不但没有缓解贫困,反而在一定程度上增加了贫困,其指向生产经营能力强的农村家庭激励式补贴方式导致了贫困的上升。这是因为,转移性支付大多按生产经营能力、生产经营规模为标准,而往往贫困户的生产经营能力和生产经营规模都较小,达不到标准的要求而不能享受转移支付,即使达到标准,也通常因为转移性支付是按经营规模或经营能力确定转移支付额度,使得贫困户能享受的转移性支付额度过小,因而对其生产或生活的作用就显得微小了。因此,转移性支付制度需要进一步改革和完善。

第二节 对策建议

一、实施有利于穷人的分配政策，降低农村家庭收入不均等程度

经济发展的实践经验表明，如果收入分配政策有利于穷人，即使经济增长速度处于中等发展水平，社会收入不均等程度处于较低的水平，收入最低的群体能够直接从经济增长中受益，减贫效应也会特别明显；反之，如果分配政策有利于富人，即使经济增长速度处于较高的水平，减贫效应也不明显，并且可能导致收入差距的不断扩大和贫困的增加。因此，实施有利于穷人的收入分配政策，能够优化收入分配状况，让越来越多的穷人享受经济增长的成果，有利于降低农村家庭收入的不均等程度，从而使得更多的贫困群体脱离贫困。

二、引导贫困农村家庭获取财产性收入，缩小财产性收入不均等

财产性收入在一定程度上可以衡量国民富裕程度，十七大指出要"创造条件让更多群众拥有财产性收入"，十八大提出要"多渠道增加居民财产性收入"，这能充分体现财产性收入对缩小收入差距的重要性。农村家庭与城镇居民不同，城镇居民的金融产品投资所带来的财产性收益较多，而农村家庭更多的是依靠其拥有的实物进行投资和租赁取得的财产性收入，土地和房屋则是农村家庭最主要的实物资产。因此，要扩大农村家庭的财产性收入，

需要引导农村家庭根据自身的实物资产拥有情况来增加其财产性收入。一方面，多形式实现农村家庭土地财产收益，探索农村家庭土地产权新形式，改革和完善土地补偿机制，创新土地流转方式来提高农村家庭土地收益。另一方面，确保农村家庭住房和宅基地财产收益，探索住房和宅基地的腾退机制，提高住宅和宅基地利用效率和使用收入。

三、加强农村家庭生产性固定资产积累，增强家庭生产经营能力

本书分析结果表明，生产性固定资产是导致收入不均等的主要因素，也就是说，生产性固定资产的差异化导致了农村家庭收入差距的扩大，缩小农村家庭生产性固定资产的差异可以有效地减少农村家庭收入不均等程度，从而使得农村家庭的家庭生产经营增强，进而其购置生产性固定资产的能力加强，形成良性循环。对于贫困农村家庭来说，其自然资产和金融资产的拥有量相对较低，不能短时间内缩小农村家庭生产性固定资产的差异，而只能通过不断地积累来缩小差距。一方面，应该专门制定给予贫困户家庭购置生产性固定资产的专项补贴，减轻其购置成本；另一方面，建立针对贫困户购置生产性固定资产的金融支持政策，放宽其申请条件，使得有能力通过信贷来积累生产性固定资产。

四、完善扶贫对象识别机制，精确瞄准低收入人口

贫困人口的精准和科学识别是反贫困工作的基础内容，也是难点内容。贫困测度对贫困标准是敏感的，因此贫困人口识别的首要任务是确定科学合

理的贫困标准。近年来，我国采用世界银行推荐的方法计算贫困标准，并逐步提高扶贫标准。然而，当前的扶贫标准还存在两个问题。第一，扶贫标准是全国农村统一的，无论是哪个省份和区域都采用同一条贫困线确定贫困人口。实际上，贫困是动态的，不同时间段的贫困状况有差异，同时贫困的空间分布也存在差异。因此，科学的贫困标准需要随时间调整和分区域调整。贫困线调整面临的主要问题是贫困线调整的价格指数与计算贫困线的一篮子商品价格变化不一致。一方面，不同区域消费习惯的价格可能会造成篮子中的商品不同，即使篮子中的商品相同，不同区域的价格也可能存在差异，因此，不同区域之间的贫困线应该是有差异的。另一方面，随着经济的快速发展，人们的消费项目也在不断变化，一些原先必需的消费项目逐步退出人们的消费篮子，因此，不同时期的贫困线也是有差异的。第二，单一维度的贫困标准并不能全面反映贫困人口的实际状况。无论是采用收入和消费指标测度福利水平都存在一定的局限性，都不能全面反映农村人口的福利水平。解决贫困问题还需要使贫困人口获得教育、医疗、住房、社会保障、发言权等诸多维度的服务和权利。因此，需要发展和构建多维度的扶贫标准来全面、客观地衡量农村人口的贫困状况。

五、提升家庭人力资本，增加家庭可持续发展能力

家庭人力资本是决定家庭发展水平的关键，家庭人力资本的提升，有助于家庭可持续发展能力的提升，使得非贫困家庭抵挡进入贫困的风险能力增强，也使得贫困家庭能够脱离贫困并降低其返贫的可能性。第一，要继续加强农村教育，防止贫困户家庭子女因贫辍学，第二，加大农村地区技能培训

力度，增强农村地区劳动力的创收能力；第三，继续加强农村地区医疗服务建设，防止农村家庭因病致贫和因病返贫。

六、因地制宜，精准设计分类扶贫措施

由本书结论可知，农村家庭贫困致因是多样的。从农村家庭层面看，农村家庭因人力资本和资产缺乏而导致生计不可持续是农村家庭贫困的主要原因。从区域层面看，地理条件、自然条件、市场条件等是规模性贫困产生的重要原因。因此，对于教育缺乏导致人力资本低下引起的贫困应通过教育和培训加强其人力资本；对于金融资本缺乏导致无法投资引起的贫困应通过强化社会资本，并从政策上给予金融支持；对于耕地少或质量差导致的自然资本缺乏引起的贫困应通过土地流转或者发展非农生产增加收入等。针对区域层面的扶贫措施，则需要分析区域环境特点，分析区域发展的限制性因素，设计针对性的区域扶贫措施。总之，在贫困家庭建档立卡的基础上充分了解农村家庭资产状况和生计策略，分析农村家庭致贫的根本原因，根据致贫原因采取针对性的扶贫措施是实现反贫困工作高效性的重要方式。根据贫困的不同类型，对症下药，并精准设计不同类型贫困的扶贫措施，才能更好地使贫困人口受益，提升贫困人口的收入和持续发展能力，从而缩小农村内部收入差距，降低因收入差距导致对贫困的影响。

七、重视相对贫困缓解，降低农村家庭收入不均等程度

2015 年，中央明确提出确保到 2020 年农村贫困人口实现脱贫，相对贫困是未来贫困的主要表现形式。因此，当代中国战略使命将聚焦不断凸显的相

对贫困现象。不同于绝对贫困的不断下降,已经成为全球第二大经济体的中国面临最为严峻的挑战之一在于不断拉大的贫富差距,这是相对贫困不断凸显的重要证据。较之绝对贫困,相对贫困强调人的主观认同。消除绝对贫困的目标、手段相对简单。而相对贫困由于判断标准更加主观化、产生原因多样化和复杂化、利益分歧对立化,单靠经济增长本身无法解决相对贫困问题,因此,相对贫困缓解更为棘手,需要重视和研究相对贫困缓解的政策和措施。

相对贫困缓解的重点在于以下几方面:

(1)切实落实公共服务均等化,消除城乡差别;

(2)促进经济增长与加大收入分配调节力度并重;

(3)加速农村工业化与农业现代化进程,促进农业生产经济提升与农村非农产业发展;

(4)加快农业信息化建设,完善农产品市场;

(5)尽快健全农村社会保障制度体系,通过国民收入再分配为农村居民提供更多的生产和物质保障。

八、加强贫困家庭发展能力建设,提升贫困户家庭经营收入

家庭发展能力提升是农村家庭应对贫困风险冲击的重要方面。家庭发展能力建设包括两个方面内容:一是家庭自身的能力建设;二是外部环境的有力支持。从家庭内部看,家庭发展能力建设核心在于家庭各类资产的巩固和加强。通过强化情感纽带发展广泛的社会网络强化社会资本;通过人力和资本投资(健康、教育、培训)加强人力资本;通过固定资产积累来增加物质资本;通过农田改造等措施来优化自然资本;通过各类途径获取生产资金积

累来增加金融资产。但是,在家庭功能逐步弱化、外化和社会化的趋势下,家庭发展能力建设还依赖于外部的有力支持,特别是社会保障制度、社会福利制度、公共服务供给、劳动力市场、社区发展环境等方面。在贫困家庭发展能力建设的基础上,通过家庭分工和资源配置优化设计最优生计策略。一方面,合理地分配农业家庭经营和非农家庭经营的劳动力配比,另一方面,科学地对家庭资源进行优化配置。通过提高农村家庭的家庭经营收入,缩小低收入农村家庭与高收入农村家庭间的差距。

九、完善转移支付制度,缩小农村收入差距

收入差距的扩大意味着贫困现状已经从改革开放初期的绝对贫困为主演变为相对贫困为主,在绝对贫困大幅下降的同时,相对贫困大大提高。这为新时期贫困缓解提出了新的挑战,扶贫开发工作不仅仅需要关注农村地区绝对贫困人口,也需要关注在各个区域收入相对较低的相对贫困人口。转移性支付作为均衡各级主体间收支规模不对称的预算调节制度,对提高农民收入、降低农民负担有积极的意义,但本书分析结果表明,转移性支付更多地惠及了农村地区较高收入群体,加剧了农村收入不均等,因此,需要对现行的转移支付制度进行改革和完善。第一,转移性支付应建立更加科学的"门槛",使生产经营规模小或生产经营能力弱的贫困户家庭也能够享受到同样的待遇;第二,应更多地实施专门针对贫困户家庭的转移性支付,建立专项贫困户转移性支付项目,使得贫困户能够直接受益于转移性支付;第三,完善转移性支付监管制度,使得每项专项转移支付有且只有一种资金管理办法,并规范转移性支付的对象、范围和分配方式等。

附 录

附表1 1美元贫困线标准的收入贫困影响因素回归结果

变量名称	2005年		2008年		2010年	
	系数	边际效应	系数	边际效应	系数	边际效应
家庭平均年龄	0.0095	0.0017	−0.0019	−0.0003	0.0119	0.001
家庭平均受教育水平	−0.1121***	−0.0200***	−0.1056***	−0.0145***	−0.0042	−0.0004
家庭规模	0.9063***	0.1614***	0.4343***	0.0597***	0.6783***	0.0596***
劳动力占比	0.0012	0.0002	0.0294	0.004	−0.1064	−0.0094
转移劳动力占比	1.7796**	0.3168**	1.4528***	0.1998***	2.1036***	0.1849***
培训劳动力占比	−0.5677	−0.1011	0.2511	0.0345	/	/
非农务工月数	−0.0501**	−0.0089**	−0.0155**	−0.0021**	−0.0295	−0.0026
土地面积	−0.1161***	−0.0207***	0.0006	0.0001	−0.1356***	−0.0119***
生产性固定资产原值	−0.1509**	−0.0269**	−0.2629***	−0.0362***	−0.1536*	−0.0135*
家庭从业类型（以农业型为参照组）						
农业兼业户	0.1748	0.0311	−1.1516***	−0.1584***	−0.8852***	−0.0778***

续附表1

变量名称	2005 年		2008 年		2010 年	
	系数	边际效应	系数	边际效应	系数	边际效应
非农业兼业户	−1.2612***	−0.2246***	−2.1797***	−0.2998***	−3.0651***	−0.2694***
非农业户	−1.1666	−0.2077	−2.2373**	−0.3077**	/	/
地形（以平原为参照组）						
丘陵	0.0140	0.0025	0.2567	0.0353	−0.3024	−0.0266
山区	1.5197***	0.2706***	1.6494***	0.2269***	1.0000***	0.0879***
是否郊区（以郊区为参照组）						
非郊区	0.3286*	0.0585*	−0.1549	−0.0213	0.5281	0.0464
最近市场距离（以2公里以内为参照组）						
2～5公里	0.3890*	0.0693*	0.0814	0.0112	0.2799	0.0246
5～10公里	0.4193*	0.0746*	0.2521	0.0347	0.3744	0.0329
10～20公里	0.3998	0.0712	0.2567	0.0353	0.1299	0.0114
20公里以上	0.9298**	0.1655**	0.4984	0.0685	−0.4861	−0.0427
务工主要地区（以本地为参照）						
东部地区	−0.3333	−0.0593	−0.4258*	−0.0586*	−0.6981	−0.0614
中部地区	−0.6048	−0.1077	−0.3658	−0.0503	−0.2826	−0.0248
西部地区	−0.3792	−0.0675	−0.101	−0.0139	/	/
常数项	−1.6074*	−	0.1618	−	−3.2821**	−
样本数	1247	1246	1182			
Wald chi2（21）	280.96		187.39		124.36	
Prob > chi2	0.0000		0.0000		0.0000	
Pseudo R2	0.2301		0.1855		0.2354	

附表 2 1 美元贫困线标准的收入贫困深度影响因素回归结果

变量名称	2005 年		2008 年		2010 年	
	系数	标准误差	系数	标准误差	系数	标准误差
家庭平均年龄	0.0009	0.0006	−0.0005	0.0008	0.0005	0.0019
家庭平均受教育水平	−0.0074***	0.0023	−0.003	0.0029	0.0232	0.0186
家庭规模	0.0475***	0.0062	0.011**	0.0048	0.014	0.0309
劳动力占比	−0.0126	0.0367	0.0163	0.0288	0.1947	0.1675
转移劳动力占比	0.0312	0.053	0.0481*	0.0255	0.1653	0.1982
培训劳动力占比	−0.0168	0.029	−0.0247	0.0190	/	/
非农务工月数	−0.0018	0.0015	−0.0001	0.0001	−0.0018	0.0044
土地面积	−0.0067***	0.0011	0.0000	0.0000	−0.0009	0.0052
生产性固定资产原值	−0.0129***	0.0042	−0.0016	0.0043	0.0365	0.0249
家庭从业类型（以农业型为参照组）						
农业兼业户	−0.0349**	0.0166	−0.0676***	0.0173	−0.0029	0.0887
非农业兼业户	−0.1116***	0.0199	−0.0941***	0.0181	−0.0776	0.0736
非农业户	−0.0270	0.0545	−0.0706***	0.0272	−0.0863	0.0681
地形（以平原为参照组）						
丘陵	−0.0001	0.0095	0.0004	0.0102	−0.0485	0.0665
山区	0.1212***	0.0143	0.0612***	0.0121	−0.0084	0.0357
是否郊区（以郊区为参照组）						
非郊区	0.0137	0.0160	−0.0003	0.0151	0.0537*	0.0311
最近市场距离（以 2 公里以内为参照组）						
2～5 公里	0.0064	0.0155	0.0115	0.010	0.0004	0.0126
5～10 公里	0.0142	0.0157	0.0314**	0.0133	0.1394*	0.0829
10～20 公里	0.0160	0.0167	0.0215	0.0139	−0.014	0.0168

续附表 2

变量名称	2005 年		2008 年		2010 年	
	系数	标准误差	系数	标准误差	系数	标准误差
20 公里以上务工主要地区（以本地为参照）	0.0418	0.0309	0.0147	0.0220	−0.0109	0.0167
东部地区	0.0209	0.0225	−0.0236**	0.012	−0.0377	0.0455
中部地区	0.0054	0.025	−0.0296	0.0188	−0.0654*	0.0381
西部地区	0.0219	0.0495	0.0335	0.0491	0.0000***	
常数项	0.0757	0.0601	0.074	0.0733	−0.7176*	0.4289
样本数	1247		1246		1213	
Prob > F	0.0000		0.0000		0.3095	
R-squared	0.2562		0.0833		0.017	

附表3 1美元贫困线标准的收入贫困强度影响因素回归结果

变量名称	2005年		2008年		2010年	
	系数	标准误差	系数	标准误差	系数	标准误差
家庭平均年龄	0.0012	0.0009	0.0000	0.0008	0.0009	0.0007
家庭平均受教育水平	−0.012***	0.0033	−0.0035	0.0030	0.0058	0.0042
家庭规模	0.0806***	0.008	0.0218***	0.0059	0.0163	0.0101
劳动力占比	−0.0066	0.0503	0.0147	0.0369	0.0129	0.0542
转移劳动力占比	0.0922	0.0764	0.0739**	0.0333	0.0758	0.0623
培训劳动力占比	−0.0113	0.0380	−0.023	0.0260	/	/
非农务工月数	−0.0037**	0.0018	−0.0002	0.0001	0.0000	0.0016
土地面积	−0.0117***	0.0016	−0.0001*	0.0000	−0.0031**	0.0014
生产性固定资产原值	−0.0186***	0.0058	−0.0076	0.0050	0.0082	0.0071
家庭从业类型（以农业型为参照组）						
农业兼业户	−0.0348*	0.0188	−0.0889***	0.0189	−0.0329	0.0272
非农业兼业户	−0.1651***	0.0236	−0.1418***	0.0205	−0.1011***	0.0251
非农业户	−0.0653	0.0714	−0.1059***	0.0347	−0.1069***	0.0245
地形（以平原为参照组）						
丘陵	0.0003	0.0134	0.0053	0.0112	−0.0189	0.0168
山区	0.1855***	0.0194	0.1146***	0.0156	0.0401***	0.0145
是否郊区（以郊区为参照组）						
非郊区	0.0287	0.0186	−0.0059	0.0206	0.0191	0.0118
最近市场距离（以2公里以内为参照组）						
2~5公里	0.0247	0.0201	0.0138	0.015	0.0053	0.0109
5~10公里	0.0332	0.0208	0.0395**	0.0172	0.0379*	0.0226
10~20公里	0.0378*	0.0225	0.0235	0.0186	−0.003	0.0141

续附表 3

变量名称	2005 年		2008 年		2010 年	
	系数	标准误差	系数	标准误差	系数	标准误差
20 公里以上务工主要地区（以本地为参照）	0.0629*	0.0369	0.0361	0.0315	−0.0222	0.0219
东部地区	0.0088	0.0300	−0.0311**	0.0157	−0.019	0.0228
中部地区	−0.0135	0.0337	−0.0358	0.0287	−0.0291*	0.0168
西部地区	0.0069	0.0653	0.0464	0.0657	/	/
常数项	0.1066	0.0836	0.1034	0.0773	−0.1635	0.1149
样本数	1247		1246		1213	
Prob > F	0.0000		0.0000		0.0000	
R-squared	0.3282		0.1441		0.0469	

附表4　2美元贫困线标准的收入贫困影响因素回归结果

变量名称	2005年		2008年		2010年	
	系数	边际效应	系数	边际效应	系数	边际效应
家庭平均年龄	0.0174	0.0012	0.009	0.0017	−0.014	−0.0026
家庭平均受教育水平	−0.0832*	−0.0056*	−0.0913***	−0.0176***	−0.0624*	−0.0115*
家庭规模	1.1105***	0.0749***	0.4753***	0.0918***	0.6185***	0.1139***
劳动力占比	0.0504	0.0034	−0.5453	−0.1053	−0.069	−0.0127
转移劳动力占比	4.4932**	0.3031**	0.5899	0.1139	1.1917**	0.2194**
培训劳动力占比	−1.3659*	−0.0922*	−0.1931	−0.0373	/	/
非农务工月数	−0.0878**	−0.0059**	−0.0028	−0.0005	−0.0177	−0.0033
土地面积	−0.0763***	−0.0051***	−0.0012	−0.0002	−0.0904***	−0.0166***
生产性固定资产原值	−0.0244	−0.0016	−0.3086***	−0.0596***	−0.2499***	−0.046***
家庭从业类型（以农业型为参照组）						
农业兼业户	0.2434	0.0164	−0.203	−0.0392	−0.6019***	−0.1108***
非农业兼业户	−0.888**	−0.0599**	−0.94***	−0.1815***	−1.7075***	−0.3144***
非农业户	−1.6142**	−0.1089**	−0.3237	−0.0625	−2.9908***	−0.5507***
地形（以平原为参照组）						
丘陵	0.0063	0.0004	0.1343	0.0259	0.2075	0.0382
山区	1.2073***	0.0815***	1.0564***	0.204***	1.2074***	0.2223***
是否郊区（以郊区为参照组）						
非郊区	0.9371***	0.0632***	−0.4578*	−0.0884*	0.4353*	0.0801*
最近市场距离（以2公里以内为参照组）						
2～5公里	0.1247	0.0084	0.1954	0.0377	0.1979	0.0364
5～10公里	−0.0147	−0.001	0.1623	0.0313	0.1122	0.0207
10～20公里	0.0817	0.0055	0.1934	0.0373	−0.0318	−0.0059

续附表 4

变量名称	2005 年		2008 年		2010 年	
	系数	边际效应	系数	边际效应	系数	边际效应
20 公里以上务工主要地区（以本地为参照）	1.0421	0.0703	1.0879**	0.2101**	0.0906	0.0167
东部地区	−0.5322	−0.0359	0.0568	0.011	−0.6714*	−0.1236*
中部地区	−0.6067	−0.0409	−0.2583	−0.0499	−0.8297**	−0.1528**
西部地区	−	−	−0.9412*	−0.1818*	−	−
常数项	−1.8172	−	2.1559**	−	1.001	−
样本数	1232		1246		1213	
Wald chi2（21）	116.69		175.49		239.05	
Prob > chi2	0.0000		0.0000		0.0000	
Pseudo R2	0.1973		0.1384		0.2097	

附表5　2美元贫困线标准的收入贫困深度影响因素回归结果

变量名称	2005年		2008年		2010年	
	系数	标准误差	系数	标准误差	系数	标准误差
家庭平均年龄	0.0009	0.0008	0.0000	0.0008	0.0005	0.0009
家庭平均受教育水平	−0.0121***	0.0031	−0.0068**	0.0031	0.0068	0.007
家庭规模	0.0826***	0.0071	0.0353***	0.006	0.0349**	0.0137
劳动力占比	−0.0130	0.0449	−0.0034	0.0373	0.0504	0.0742
转移劳动力占比	0.1009	0.0651	0.09***	0.0334	0.1218	0.0859
培训劳动力占比	−0.0395	0.0345	−0.0202	0.0281	/	/
非农务工月数	−0.0038**	0.0016	−0.0004***	0.0001	−0.0011	0.0021
土地面积	−0.0118***	0.0015	0.0000	0.0000	−0.0047**	0.0022
生产性固定资产原值	−0.0186***	0.0052	−0.0164***	0.0051	0.0072	0.0104
家庭从业类型（以农业型为参照组）						
农业兼业户	−0.0242	0.0173	−0.1006***	0.0194	−0.0401	0.0378
非农业兼业户	−0.1536***	0.0218	−0.1677***	0.0211	−0.1452***	0.0332
非农业户	−0.1066	0.0706	−0.1067***	0.0337	−0.1679***	0.0327
地形（以平原为参照组）						
丘陵	−0.0047	0.0127	0.0176	0.0124	−0.0231	0.0264
山区	0.1652***	0.0168	0.1495***	0.0157	0.0637***	0.0187
是否郊区（以郊区为参照组）						
非郊区	0.0278	0.0170	−0.0127	0.0208	0.0339**	0.0160
最近市场距离（以2公里以内为参照组）						
2～5公里	0.0305*	0.0182	0.0201	0.0161	0.0084	0.0126
5～10公里	0.0416**	0.0186	0.0371**	0.0180	0.0642*	0.0338
10～20公里	0.0370*	0.0206	0.0256	0.0195	−0.0009	0.0160

续附表 5

变量名称	2005 年		2008 年		2010 年	
	系数	标准误差	系数	标准误差	系数	标准误差
20 公里以上务工主要地区（以本地为参照）	0.0637**	0.0313	0.0522*	0.0307	−0.0157	0.0233
东部地区	0.0131	0.0262	−0.0292*	0.0162	−0.0354	0.0276
中部地区	−0.0055	0.0291	−0.0309	0.0298	−0.0584**	0.0232
西部地区	0.0239	0.0496	0.0208	0.0631	0.0000***	
常数项	0.2161***	0.075	0.2163***	0.079	−0.1988	0.1733
样本数	1247		1246		1213	
Prob > F	0.0000		0.0000		0.0000	
R-squared	0.3735		0.2093		0.0507	

附表6 2美元贫困线标准的收入贫困强度影响因素回归结果

变量名称	2005年		2008年		2010年	
	系数	标准误差	系数	标准误差	系数	标准误差
家庭平均年龄	0.0007	0.0008	0.0003	0.0010	0.0000	0.0009
家庭平均受教育水平	−0.0125***	0.0033	−0.0108***	0.0037	−0.0021	0.0036
家庭规模	0.0912***	0.0074	0.0565***	0.0073	0.0573***	0.0097
劳动力占比	−0.0232	0.0477	−0.0313	0.0457	−0.0132	0.0568
转移劳动力占比	0.1285*	0.0671	0.1139***	0.0413	0.1283**	0.0585
培训劳动力占比	−0.0597	0.0368	−0.0221	0.0373	/	/
非农务工月数	−0.0042***	0.0016	−0.0006***	0.0002	−0.0013	0.0017
土地面积	−0.013***	0.0019	0.0000	0.0001	−0.0078***	0.0019
生产性固定资产原值	−0.0178***	0.0058	−0.0301***	0.0062	−0.0106	0.0065
家庭从业类型（以农业型为参照组）						
农业兼业户	−0.0154	0.0185	−0.1104***	0.0227	−0.0652***	0.0239
非农业兼业户	−0.1528***	0.0236	−0.2073***	0.0253	−0.2048***	0.0247
非农业户	−0.1614**	0.0805	−0.1126**	0.0444	−0.2576***	0.0317
地形（以平原为参照组）						
丘陵	−0.0082	0.0149	0.0304*	0.0164	−0.0091	0.0163
山区	0.1602***	0.0173	0.2034***	0.0192	0.1192***	0.0191
是否郊区（以郊区为参照组）						
非郊区	0.0358*	0.0185	−0.0305	0.0253	0.0332*	0.0177
最近市场距离（以2公里以内为参照组）						
2～5公里	0.04**	0.0196	0.0295	0.0216	0.017	0.0175
5～10公里	0.0494**	0.0199	0.0401*	0.0229	0.0404*	0.0222
10～20公里	0.0406*	0.0225	0.0294	0.0250	0.009	0.0213

续附表 6

变量名称	2005 年		2008 年		2010 年	
	系数	标准误差	系数	标准误差	系数	标准误差
20 公里以上务工主要地区（以本地为参照）	0.0655**	0.0303	0.0815**	0.0364	−0.0056	0.0316
东部地区	0.0143	0.0277	−0.0278	0.0205	−0.0507	0.0339
中部地区	0.0003	0.0302	−0.0309	0.0388	−0.0788***	0.0276
西部地区	0.0323	0.0447	−0.0123	0.0725	/	/
常数项	0.3676***	0.0817	0.3939***	0.0936	0.1094	0.1053
样本数	1247		1246		1213	
Prob > F	0.0000		0.0000		0.0000	
R-squared	0.3664		0.2547		0.2232	

附表7　2美元贫困线标准的消费贫困影响因素回归结果

变量名称	2005 年		2008 年		2010 年	
	系数	边际效应	系数	边际效应	系数	边际效应
家庭平均年龄	0.0400***	0.0058***	0.0135	0.0008	0.014	0.0004
家庭平均受教育水平	−0.2356***	−0.0343***	−0.1162**	−0.0067**	−0.1359	−0.0036
家庭规模	−0.0407	−0.0059	−0.4036**	−0.0233**	−0.3203	−0.0085
劳动力占比	2.4695***	0.3592***	−0.1852	−0.0107	−0.2788	−0.0074
转移劳动力占比	1.8163**	0.2642**	1.627**	0.0938**	0.9279	0.0247
培训劳动力占比	−0.0427	−0.0062	−0.4033	−0.0233	/	/
非农务工月数	−0.0088	−0.0013	−0.0134	−0.0008	−0.0235	−0.0006
土地面积	−0.0813**	−0.0118**	−0.0539	−0.0031	−0.273***	−0.0073***
生产性固定资产原值	−0.16**	−0.0233**	−0.1905*	−0.011*	−0.3911***	−0.0104***
家庭从业类型（以农业型为参照组）						
农业兼业户	−0.1211	−0.0176	−0.2771	−0.0160	−0.3985	−0.0106
非农业兼业户	−0.5317*	−0.0774*	−1.0334**	−0.0596**	−1.6335***	−0.0435***
非农业户	0.2077	0.0302	−1.2008	−0.0693	−1.5447	−0.0412
地形（以平原为参照组）						
丘陵	−0.5754***	−0.0837***	−0.3802	−0.0219	−1.6693**	−0.0445**
山区	0.6186***	0.09***	0.8241**	0.0475**	−0.0851	−0.0023
是否郊区（以郊区为参照组）						
非郊区	0.0459	0.0067	−0.0703	−0.0041	0.7582	0.0202
最近市场距离（以2公里以内为参照组）						
2～5公里	−0.4487*	−0.0653*	−0.0331	−0.0019	−0.0169	−0.0005
5～10公里	0.0752	0.0109	0.1681	0.0097	−0.2124	−0.0057
10～20公里	−0.1312	−0.0191	−0.3362	−0.0194	−0.0761	−0.002

续附表 7

变量名称	2005 年		2008 年		2010 年	
	系数	边际效应	系数	边际效应	系数	边际效应
20公里以上务工主要地区（以本地为参照）	0.0357	0.0052	0.2659	0.0153	0.7986	0.0213
东部地区	−0.5938*	−0.0864*	−0.3716	−0.0214	−0.5283	−0.0141
中部地区	−0.5216	−0.0759	0.208	0.012	1.7795**	0.0474**
西部地区	−0.3381	−0.0492	−0.7261	−0.0419	/	/
常数项	−0.7793	/	1.2458	/	2.9508	/
样本数	1247		1246		1213	
Wald chi2（21）	175.36		109.56		75.94	
Prob > chi2	0.0000		0.0000		0.0000	
Pseudo R2	0.1796		0.176		0.2412	

附表8 2美元贫困线标准的消费贫困深度影响因素回归结果

变量名称	2005年		2008年		2010年	
	系数	标准误差	系数	标准误差	系数	标准误差
家庭平均年龄	0.0009**	0.0004	0.0003	0.0002	0.0000	0.0001
家庭平均受教育水平	−0.0031**	0.0013	−0.0013***	0.0005	−0.0002	0.0002
家庭规模	−0.0061***	0.0023	−0.0032***	0.0010	−0.0008**	0.0004
劳动力占比	0.0115	0.0195	−0.0133	0.0115	−0.0021	0.0022
转移劳动力占比	0.0133	0.0287	0.0115	0.0097	0.0051	0.0054
培训劳动力占比	−0.0063	0.009	−0.0016	0.0044	/	/
非农务工月数	0.0001	0.0006	0.0000	0.0000	0.0000	0.0001
土地面积	−0.0012***	0.0004	0.0000	0.0000	−0.0001	0.0000
生产性固定资产原值	−0.0082***	0.0024	−0.0033***	0.0011	−0.0006**	0.0003
家庭从业类型（以农业型为参照组）						
农业兼业户	−0.0094	0.0064	−0.0053*	0.0028	−0.0010	0.0009
非农业兼业户	−0.0218***	0.0071	−0.0076**	0.0035	−0.0020*	0.0011
非农业户	0.0230	0.0331	0.0036	0.0103	−0.0027**	0.0014
地形（以平原为参照组）						
丘陵	−0.0059*	0.0035	−0.0011	0.0013	−0.0005	0.0004
山区	0.0216***	0.0063	0.0068**	0.0027	0.0022	0.0015
是否郊区（以郊区为参照组）						
非郊区	0.0021	0.0062	−0.0008	0.0048	−0.0024	0.0022
最近市场距离（以2公里以内为参照组）						
2～5公里	−0.0008	0.0049	−0.0002	0.0024	0.0005	0.0006
5～10公里	0.0113*	0.0065	0.0011	0.0034	0.0024	0.0015
10～20公里	0.0077	0.0066	−0.0006	0.0025	0.0010	0.0010

续附表 8

变量名称	2005 年		2008 年		2010 年	
	系数	标准误差	系数	标准误差	系数	标准误差
20 公里以上务工主要地区（以本地为参照）	0.0179	0.0144	0.0073	0.0074	0.0016	0.0024
东部地区	−0.0012	0.009	−0.0014	0.0026	−0.0003	0.0016
中部地区	−0.0014	0.0109	0.0016	0.0059	−0.0013**	0.0007
西部地区	−0.0128	0.0117	0.0196	0.0250	/	/
常数项	0.0969***	0.0284	0.054***	0.0152	0.0131**	0.0060
样本数	1247		1246		1213	
Prob > F	0.0000		0.0749		0.5381	
R-squared	0.1436		0.085		0.0401	

附表9 2美元贫困线标准的消费贫困强度影响因素回归结果

变量名称	2005年		2008年		2010年	
	系数	标准误差	系数	标准误差	系数	标准误差
家庭平均年龄	0.0020***	0.0006	0.0005	0.0004	0.0000	0.0002
家庭平均受教育水平	−0.0088***	0.0023	−0.0028***	0.0010	−0.0009*	0.0005
家庭规模	−0.0087**	0.0043	−0.0074***	0.0020	−0.0032**	0.0014
劳动力占比	0.0564*	0.0322	−0.0184	0.0195	−0.0081	0.0073
转移劳动力占比	0.0631	0.0478	0.0239	0.0180	0.0112	0.0148
培训劳动力占比	−0.0139	0.0195	−0.0046	0.0092	/	/
非农务工月数	−0.0006	0.0010	0.0000	0.0000	0.0000	0.0003
土地面积	−0.0028***	0.0008	0.0000	0.0000	−0.0003**	0.0001
生产性固定资产原值	−0.0128***	0.0038	−0.0066***	0.0020	−0.0021***	0.0008
家庭从业类型（以农业型为参照组）						
农业兼业户	−0.0134	0.0110	−0.0118**	0.0060	−0.0044	0.0032
非农业兼业户	−0.0374***	0.0128	−0.0189***	0.0072	−0.0082**	0.0036
非农业户	0.0269	0.0472	−0.0010	0.0205	−0.0085	0.0059
地形（以平原为参照组）						
丘陵	−0.0173**	0.0069	−0.0033	0.0030	−0.0025*	0.0015
山区	0.0458***	0.0119	0.0174***	0.0056	0.0055	0.0039
是否郊区（以郊区为参照组）						
非郊区	0.0099	0.0106	−0.0012	0.0090	−0.0035	0.0051
最近市场距离（以2公里以内为参照组）						
2～5公里	−0.0050	0.0098	−0.0053	0.0060	0.0003	0.0025
5～10公里	0.0176	0.0117	−0.0014	0.0071	0.0041	0.004
10～20公里	0.0084	0.0123	−0.0048	0.0064	0.0016	0.0032

续附表 9

变量名称	2005 年		2008 年		2010 年	
	系数	标准误差	系数	标准误差	系数	标准误差
20公里以上务工主要地区（以本地为参照）	0.0316	0.0250	0.0141	0.0154	0.0049	0.0076
东部地区	−0.0118	0.0174	−0.0058	0.0055	−0.0006	0.0056
中部地区	−0.0122	0.0201	0.0075	0.0139	−0.0012	0.0028
西部地区	−0.0202	0.0301	0.0184	0.0368	/	/
常数项	0.1506***	0.0478	0.1216***	0.0296	0.0525***	0.0205
样本数	1247		1246		1213	
F（22,1224）	7.0800		0.0010		0.1290	
Prob > F	0.0000		0.1005		0.0496	

附表10 1美元贫困线标准的食物贫困影响因素回归结果

变量名称	2005年		2008年		2010年	
	系数	边际效应	系数	边际效应	系数	边际效应
家庭平均年龄	−0.0053	−0.0002	−0.0053	−0.0002	0.0425	0.0004
家庭平均受教育水平	−0.1214	−0.0035	−0.1214	−0.0035	0.2477*	0.0025
家庭规模	−0.3589	−0.0102	−0.3589	−0.0102	−1.0678*	−0.0107
劳动力占比	1.6006	0.0457	1.6006	0.0457	−1.2179	−0.0122
转移劳动力占比	2.9028**	0.0829**	2.9028**	0.0829**	0.8900	0.0089
培训劳动力占比	0.1001	0.0029	0.1001	0.0029	/	/
非农务工月数	−0.073	−0.0021	−0.073	−0.0021	0.0584	0.0006
土地面积	−0.0331	−0.0009	−0.0331	−0.0009	−0.0031	0.0000
生产性固定资产原值	−0.0653	−0.0019	−0.0653	−0.0019	−0.4661**	−0.0047*
家庭从业类型（以农业型为参照组）						
农业兼业户	0.2670	0.0076	0.2670	0.0076	0.0867	0.0009
非农业兼业户	0.0864	0.0025	0.0864	0.0025	−0.7282	−0.0073
非农业户	1.6648**	0.0475**	1.6648**	0.0475**	0.6429	0.0065
地形（以平原为参照组）						
丘陵	−0.7084	−0.0202	−0.7084	−0.0202	−0.6543	−0.0066
山区	0.3526	0.0101	0.3526	0.0101	0.4223	0.0042
是否郊区（以郊区为参照组）						
非郊区	−0.5647	−0.0161	−0.5647	−0.0161	−0.4679	−0.0047
最近市场距离（以2公里以内为参照组）						
2～5公里	0.7838	0.0224	0.7838	0.0224	−0.7008	−0.0070
5～10公里	0.9804	0.0280	0.9804	0.0280	0.6129	0.0062
10～20公里	0.1270	0.0036	0.1270	0.0036	0.1107	0.0011

续附表 10

变量名称	2005 年		2008 年		2010 年	
	系数	边际效应	系数	边际效应	系数	边际效应
20 公里以上务工主要地区（以本地为参照）	1.1920*	0.0340	1.1920*	0.0340	/	/
东部地区	−1.0388**	−0.0297**	−1.0388**	−0.0297**	1.0099	0.0101
中部地区	−1.0146	−0.0290	−1.0146	−0.0290	/	/
西部地区	0.7168	0.0205	0.7168	0.0205	/	/
常数项	−1.8078	/	−1.8078	/	−0.8279	/
样本数	1246		1246		1122	
Wald chi2（21）	77.81		77.81		165.6	
Prob > chi2	0.0000		0.0000		0.0000	
Pseudo R2	0.1722		0.1722		0.2000	

附表 11　1 美元贫困线标准的食物贫困强度影响因素回归结果

变量名称	2005 年		2008 年		2010 年	
	系数	标准误差	系数	标准误差	系数	标准误差
家庭平均年龄	0.0005	0.0005	0.0000	0.0003	0.0000	0.0001
家庭平均受教育水平	−0.0031	0.0019	−0.0008	0.0008	0.0002	0.0002
家庭规模	−0.0111***	0.0035	−0.0044***	0.0017	−0.0007	0.0006
劳动力占比	−0.0159	0.0271	−0.0017	0.0141	0.0021	0.0037
转移劳动力占比	0.0168	0.043	0.0301	0.0219	0.0032	0.0038
培训劳动力占比	−0.0100	0.0174	−0.0014	0.0094	/	/
非农务工月数	0.0005	0.0009	−0.0001	0.0000	0.0000	0.0001
土地面积	−0.0013**	0.0006	0.0000	0.0000	−0.0001	0.0001
生产性固定资产原值	−0.0112***	0.0031	−0.0026*	0.0014	−0.0008*	0.0005
家庭从业类型（以农业型为参照组）						
农业兼业户	−0.021**	0.0097	0.0002	0.0042	0.0000	0.0016
非农业兼业户	−0.036***	0.0119	−0.0017	0.0051	−0.0008	0.0017
非农业户	−0.0044	0.0385	0.0506	0.0344	−0.0042*	0.0025
地形（以平原为参照组）						
丘陵	−0.0117**	0.0056	−0.0040	0.0035	−0.0022*	0.0012
山区	0.0377***	0.0097	0.0040	0.0045	0.0009	0.0030
是否郊区（以郊区为参照组）						
非郊区	−0.0041	0.0096	−0.0026	0.0079	−0.0047	0.0047
最近市场距离（以 2 公里以内为参照组）						
2～5 公里	−0.0020	0.0082	0.0069*	0.0036	−0.0011	0.0022
5～10 公里	0.0167*	0.0099	0.0091*	0.0049	0.0018	0.0034
10～20 公里	0.0149	0.0106	0.0043	0.0038	0.0025	0.0034

续附表 11

变量名称	2005 年		2008 年		2010 年	
	系数	标准误差	系数	标准误差	系数	标准误差
20 公里以上务工主要地区（以本地为参照）	0.0194	0.0214	0.0224*	0.0127	−0.0022	0.0018
东部地区	−0.0030	0.0147	−0.0123	0.0080	0.0071	0.0082
中部地区	0.0009	0.0179	−0.0082	0.0120	−0.0018*	0.0009
西部地区	−0.0192	0.0255	0.0264	0.0301	/	/
常数项	0.1956***	0.0433	0.0481**	0.0219	0.0105	0.0069
样本数	1247		1246		1213	
F（22,1224）	3.1600		0.2870		0.9753	
Prob > F	0.0000		0.0586		0.0191	

附表12 2美元贫困线标准的食物贫困影响因素回归结果

变量名称	2005年		2008年		2010年	
	系数	边际效应	系数	边际效应	系数	边际效应
家庭平均年龄	0.0027	0.0004	0.0152	0.0028	0.0064	0.0011
家庭平均受教育水平	-0.2248***	-0.0311***	-0.0425	-0.0077	-0.0799**	-0.0132**
家庭规模	-0.4261***	-0.059***	-0.3353***	-0.0611***	-0.3653***	-0.0602***
劳动力占比	1.3462**	0.1864**	0.2811	0.0512	0.6983	0.1151
转移劳动力占比	1.4281	0.1977	0.7697*	0.1403*	-0.3369	-0.0556
培训劳动力占比	-0.9858**	-0.1365**	-0.6598*	-0.1202*	/	/
非农务工月数	0.0185	0.0026	0.0034	0.0006	0.0112	0.0018
土地面积	-0.0441**	-0.0061**	-0.0015	-0.0003	-0.0631**	-0.0104**
生产性固定资产原值	-0.2357***	-0.0326***	-0.0993	-0.0181	-0.0507	-0.0084
家庭从业类型（以农业型为参照组）						
农业兼业户	0.0192	0.0027	0.1809	0.0330	-0.4136**	-0.0682**
非农业兼业户	-0.3441	-0.0476	-0.3042	-0.0554	-0.8401***	-0.1385***
非农业户	-0.5235	-0.0725	0.6730	0.1226	-0.7983	-0.1316
地形（以平原为参照组）						
丘陵	-0.8120***	-0.1124***	-0.4876***	-0.0889***	-0.6913***	-0.114***
山区	-0.3937	-0.0545	0.3997**	0.0728**	0.1906	0.0314
是否郊区（以郊区为参照组）						
非郊区	-0.5951**	-0.0824**	-0.2165	-0.0395	0.1461	0.0241
最近市场距离（以2公里以内为参照组）						
2~5公里	-0.4079*	-0.0565*	0.2156	0.0393	-0.1568	-0.0258
5~10公里	0.0584	0.0081	0.2120	0.0386	0.1640	0.0270
10~20公里	-0.1082	-0.015	0.1440	0.0262	0.0348	0.0057

续附表 12

变量名称	2005 年		2008 年		2010 年	
	系数	边际效应	系数	边际效应	系数	边际效应
20公里以上务工主要地区（以本地为参照）	−0.1401	−0.0194	0.3783	0.0689	0.0344	0.0057
东部地区	−0.3151	−0.0436	−0.1969	−0.0359	0.5275	0.0870
中部地区	−0.4303	−0.0596	−0.0606	−0.0110	−0.2400	−0.0396
西部地区	−0.7244	−0.1003	−0.8350	−0.1522	/	/
常数项	6.9497***	/	0.6264	/	1.4121	/
样本数	1247		1246		1213	
Wald chi2（21）	127.23		113.88		120.7	
Prob > chi2	0.0000		0.0000		0.0000	
Pseudo R2	0.1283		0.0875		0.1074	

附表13　2美元贫困线标准的食物贫困深度影响因素回归结果

变量名称	2005年		2008年		2010年	
	系数	标准误差	系数	标准误差	系数	标准误差
家庭平均年龄	0.0008	0.0006	0.0004	0.0004	0.0001	0.0002
家庭平均受教育水平	−0.008***	0.0022	−0.0014	0.0013	−0.0004	0.0007
家庭规模	−0.0216***	0.0043	−0.0096***	0.0023	−0.0066***	0.0016
劳动力占比	0.0202	0.0303	0.0035	0.019	−0.0012	0.0115
转移劳动力占比	0.0575	0.0474	0.0442*	0.0239	−0.0077	0.0123
培训劳动力占比	−0.0189	0.0227	−0.0121	0.0124	/	/
非农务工月数	0.0002	0.0011	−0.0001	0.0001	0.0003	0.0003
土地面积	−0.0026**	0.0011	0.0000	0.0000	−0.0005**	0.0002
生产性固定资产原值	−0.0158***	0.0036	−0.0063***	0.0020	−0.0027***	0.0010
家庭从业类型（以农业型为参照组）						
农业兼业户	−0.0157	0.0117	−0.0010	0.0066	−0.0047	0.0041
非农业兼业户	−0.0339**	0.0144	−0.0123	0.0077	−0.0109**	0.0046
非农业户	0.0126	0.0384	0.0619*	0.0370	−0.0067	0.0109
地形（以平原为参照组）						
丘陵	−0.0459***	0.0081	−0.0097*	0.0052	−0.0086***	0.0029
山区	0.0342***	0.0120	0.0140**	0.0067	0.0042	0.0049
是否郊区（以郊区为参照组）						
非郊区	−0.0156	0.0110	0.0017	0.0107	−0.0028	0.0062
最近市场距离（以2公里以内为参照组）						
2～5公里	−0.0176*	0.0105	0.0029	0.0067	−0.0010	0.0045
5～10公里	0.0187	0.0117	0.0092	0.0080	0.0026	0.0056
10～20公里	0.0134	0.0130	−0.0009	0.0072	0.0002	0.0057

续附表 13

变量名称	2005 年		2008 年		2010 年	
	系数	标准误差	系数	标准误差	系数	标准误差
20 公里以上务工主要地区（以本地为参照）	0.0088	0.0238	0.0255	0.0163	0.0096	0.0091
东部地区	−0.013	0.0182	−0.0202**	0.0093	0.0189*	0.0114
中部地区	−0.006	0.0209	−0.0034	0.0157	−0.0062**	0.0028
西部地区	−0.019	0.0353	0.0106	0.0354	/	/
常数项	0.3843***	0.0508	0.1073***	0.0311	0.0764***	0.0197
样本数	1247		1246		1213	
Prob > F	0.0000		0.0000		0.0000	
R-squared	0.1886		0.0999		0.073	

参考文献

［1］阿马蒂亚·森.贫穷和饥荒——论权利与剥夺［M］.王宇，等译.北京：商务印书馆，2001.

［2］阿马蒂亚·森.自由看待发展［M］.北京：中国人民大学出版社，2002.

［3］奥迪·海根纳斯，克拉斯·德沃斯，张宏性.贫困的定义及测定［J］.统计研究，1991（2）.

［4］白雪梅，段志民.非农产业对农村内部收入不均等的异质性影响［J］.统计研究，2013（8）.

［5］毕宝德.土地经济学［M］.北京：中国人民大学出版社，1993.

［6］卞悟.农民之国的学坛盛事［J］.史学理论研究，1996（1）.

［7］蔡昉，都阳.中国地区经济增长的趋同与差异——对西部开发战略的启示［J］.经济研究，2000（10）.

［8］蔡荣，蔡书凯.村庄规模、收入不均等性与村庄集体行动——以安

徽省 102 个村庄的农田灌溉设施建设为例［J］.经济评论，2014（1）.

［9］蔡武.非农就业、城镇化与城乡居民收入不均等［J］.财经评论，2012（2）.

［10］柴夫，无间.中国扶贫面临六大变革［J］.中国财经报，2004.

［11］钞小静，沈坤荣.城乡收入差距、劳动力质量与中国经济增长［J］.经济研究，2014（6）.

［12］陈灿煌.政府财政支农与农村贫困减少动态关系的实证检验［J］.统计与决策，2010（16）.

［13］陈传波，丁士军.对农村家庭风险及其处理策略的分析［J］.中国农村经济，2003（11）.

［14］陈光金.中国农村贫困的程度、特征与影响因素分析［J］.中国农村经济，2008年（9）.

［15］陈菁，孔祥智.经济增长与中国农村贫困：基于交易权利的分析［J］.贵州财经大学学报，2015（6）.

［16］陈立中.转型时期我国多维度贫困测算及其分解［J］.经济评论，2008（5）.

［17］陈锡文.当前的农村经济发展形势与任务［J］.新华文摘，2006（7）.

［18］陈向明.社会科学中的定性研究方法［J］.中国社会科学，1996（6）.

［19］陈新，沈扬扬.新时期中国农村贫困状况与政府反贫困政策效果评估——以天津市农村为案例的分析［J］.南开经济研究，2014（3）.

［20］陈宗胜，沈扬扬，周云波.中国农村贫困状况的绝对与相对变

动——兼论相对贫困线的设定［J］．管理世界，2013（1）．

［21］程名望，史清华，Jin Yanhong．农村家庭收入水平、结构及其影响因素——基于全国农村固定观察点微观数据的实证分析［J］．数量经济技术经济研究，2014（5）．

［22］储德银，赵飞．财政分权与农村贫困——基于中国经验数据的实证检验［J］．中国农村经济，2013（4）．

［23］都阳，蔡昉．中国农村贫困性质的变化与扶贫战略调整［J］．中国农村观察，2005（5）．

［24］范永忠，范龙昌．中国农村贫困与反贫困制度研究［J］．改革与战略，2011（10）．

［25］方劲．可行能力视野下的新阶段农村贫困及其政策调整［J］．经济体制改革，2011（1）．

［26］方黎明．新型农村合作医疗和农村医疗救助制度对农村贫困居民就医经济负担的影响［J］．中国农村观察，2013（2）．

［27］高峰，吴石磊，王学真．食物价格变动对农村贫困的影响研究［J］．农业技术经济，2011（10）．

［28］高梦滔，甘犁，等．健康风险冲击下的农村家庭收入能力与村级民主［J］．中国人口科学，2006（1）．

［29］郭劲光．我国贫困人口的脆弱度与贫困动态［J］．统计研究，2011（9）．

［30］郭庆海．土地适度规模经营尺度期效率抑或收入［J］．农业经济问题，2014（7）．

［31］国风．中国农村消除贫困问题分析［J］．管理世界，1996（5）．

[32] 韩学雨,东梅,周婷.劳务移民可持续生计问题研究——以宁夏为例[J].农业科学研究,2014(3).

[33] 韩峥.广西西部十县农村脆弱性分析及对策建议[J].农业经济,2002(5).

[34] 洪兴建.一个新的基尼系数子群分解公式——兼论中国总体基尼系数城乡分解[J].经济学(季刊),2008(1).

[35] 侯石安,谢玲.贵州农村贫困程度及其影响因素分析——于2001—2012年贵州农村FGT贫困指数的多维测度[J].贵州社会科学,2014(7).

[36] 胡鞍钢,胡琳琳,等.中国经济增长与减少贫困[J].清华大学学报,2006(5).

[37] 湖北省统计局.湖北统计年鉴[G].北京:中国统计出版社,2011.

[38] 黄国勇,张敏,秦波.社会发展、地理条件与边疆农村贫困[J].中国人口·资源与环境,2014(12).

[39] 黄季焜.必需的代价——加入世贸组织对中国粮食市场的影响[J].国际贸易,1998(11).

[40] 黄清峰.社会保障支出与农村贫困减少动态关系的实证检验[J].统计与决策,2013(19).

[41] 霍增辉,吴海涛,丁士军,等.村域地理环境对农村家庭贫困持续性的影响——来自湖北农村的经验证据[J].中南财经政法大学学报,2016(1).

[42] 李佳路.农村家庭多维贫困测度——以S省30个国家扶贫开发工

作重点县为例［J］.财贸经济，2010（10）.

［43］李萌，杨龙.农村贫困、收入不平等与城镇化关系的实证研究——基于2000—2012年省际面板数据［J］.统计与信息论坛，2014（6）.

［44］李盛基，吕康银，朱金霞.财政支出、经济增长与农村贫困——基于1990—2008年时间序列数据的实证分析［J］.东北师大学报（哲学社会科学版），2014（3）.

［45］李石新，王秋什.中国经济增长对农村贫困的影响期方向、程度与变化趋势［J］.现代经济（现代物业下半月刊），2008（11）.

［46］李文，李兴平，等.农产品价格变化对贫困地区农村家庭收入的影响［J］.中国农村经济，2003（12）.

［47］李小云，董强，饶小龙，等.农村家庭脆弱性分析方法及其本土化应用［J］.中国农村经济，2007（4）.

［48］林闽钢，张瑞利.农村贫困家庭代际传递研究——基于CHNS数据的分析［J］.农业技术经济，2012（1）.

［49］林闽钢.中国农村贫困标准的调适研究[J].中国农村经济,1994(2).

［50］刘纯阳，蔡铨.贫困含义的演进及贫困研究的层次论[J].经济问题，2004（10）.

［51］刘娟，赵玉.我国农村贫困的新特征与扶贫机制创新［J］.探索，2008（1）.

［52］刘小珉.民族视角下的农村居民贫困问题比较研究——以广西、贵州、湖南为例［J］.民族研究，2013（3）.

［53］刘铁芳，罗文博，刘新波.我国农村贫困分解及组群研究［J］.

系统工程理论与实践，2014（6）．

［54］刘轶芳，罗文博.1989—2009年我国农村贫困演变及指数分解研究［J］.农业技术经济，2013（10）．

［55］卢冲，刘媛，江培元.产业结构、农村居民收入结构与城乡收入差距［J］.中国人口·资源与环境，2014（S1）．

［56］卢现祥，周晓华.有利于穷人的经济增长（PPG）期——基于1996—2006中国农村贫困变动的实证分析［J］.福建论坛（人文社会科学版），2009（4）．

［57］陆铭宁.农村贫困问题及对策——四川省凉山州的实证分析［J］.农村经济，2012（11）．

［58］罗楚亮.经济增长、收入差距与农村贫困［J］.经济研究，2012（2）．

［59］罗楚亮.农村贫困的动态变化［J］.经济研究，2010（5）．

［60］罗庆，李小建.国外农村贫困地理研究进展［J］.经济地理，2014（6）．

［61］罗翔，卢新海，项歌德.消费风险、科技抑制与中国农村贫困化——基于湖北、安徽两省的实证分析［J］.中国人口科学，2014（3）．

［62］罗正文，薛东前.陕西省农村贫困的动态变化研究［J］.干旱区资源与环境，2015（6）．

［63］马九杰.农村金融风险的成因、影响与管理策略研究［R］.国家自然科学基金项目（70141026）研究报告，2003．

［64］毛伟，李超，居占杰.教育能缓解农村贫困吗？——基于半参数广义可加模型的实证研究［J］.云南财经大学学报，2014（1）．

［65］苗齐，钟甫宁.中国农村贫困的变化与扶贫政策取向［J］.中国

农村经济，2006（12）．

［66］欧阳志刚．中国城乡经济一体化的推进是否阻滞了城乡收入差距的扩大［J］．世界经济，2014（2）．

［67］潘泽泉，罗宇翔．脆弱性、风险承担网络与农村贫困研究——基于湖南10村调查的数据分析［J］．中国农业大学学报（社会科学版），2015（3）．

［68］曲玮，涂勤，牛叔文，等．自然地理环境的贫困效应检验——自然地理条件对农村贫困影响的实证分析［J］．中国农村经济，2012（2）．

［69］尚卫平，姚智谋．多维贫困测度方法研究［J］．财经研究，2005（12）．

［70］沈扬扬．经济增长与不平等对农村贫困的影响［J］．数量经济技术经济研究，2012（8）．

［71］沈扬扬．收入增长与不平等对农村贫困的影响——基于不同经济活动类型农村家庭的研究［J］．南开经济研究，2012（2）．

［72］沈扬扬．中国农村经济增长与差别扩大中的收入贫困研究［D］．天津：南开大学，2013．

［73］覃成林，杨威．中国农村居民收入区域不平衡的动态变化及影响因素——基于人口加权变异系数的分析［J］．产经评论，2012（4）．

［74］田伟．连片特困区乡村多维贫困及综合治理研究［D］．吉首：吉首大学，2014（9）．

［75］万广华，张茵．收入增长与不平等对我国贫困的影响［J］．经济研究，2006（6）．

［76］万广华，章元，史清华．如何更准确地预测贫困脆弱性：基于中国农村家庭面板数据的比较研究［J］．农业技术经济，2011（9）．

［77］万广华，章元.我们能够在多大程度上准确预测贫困脆弱性？［J］.数量经济技术经济研究，2009（6）.

［78］万广华.不平等的度量与分解［J］.经济学（季刊），2008（1）.

［79］汪三贵，Albert Park，Shubham Chaudhuri，等.中国新时期农村扶贫与村级贫困瞄准［J］.管理世界，2007（1）.

［80］汪三贵，李文.贫困县农村家庭收入的变化及原因分析［J］.农业经济问题，2003（7）.

［81］汪三贵，Albert Park.中国农村贫困人口的估计与瞄准问题［J］.贵州社会科学，2010（2）.

［82］汪三贵，胡联.产业劳动密集度、产业发展与减贫效应研究［J］.财贸研究，2014（3）.

［83］汪三贵.反贫困与政府干预［J］.管理世界，1994（3）.

［84］汪三贵.在发展中战胜贫困——对中国30年大规模减贫经验的总结与评价［J］.管理世界，2008（11）.

［85］王朝明，姚毅.中国城乡贫困动态演化的实证研究：1990-2005年［J］.数量经济技术经济研究，2010（3）.

［86］王朝明.中国农村30年开发式扶贫：政策实践与理论反思［J］.贵州财经学院学报，2008（6）.

［87］王德发，章伟君.城市居民家庭最低生活费用的测定及贫困率的计算［J］.统计研究，1991（2）.

［88］王荣党.论农村贫困测量指标体系的构建［J］.经济问题探索，2006（3）.

［89］王小华，温涛，王定祥.县域农村金融抑制与农民收入内部不平等［J］.经济科学，2014（2）.

［90］王小林，Sabina Alkire.中国多维贫困测量：估计和政策含义［J］.中国农村经济，2009（12）.

［91］王晓毅，张浩.发展中的贫困与贫困影响评价［J］.国家行政学院学报，2015（1）.

［92］王祖祥，范传强，何耀.中国农村贫困评估研究［J］.管理世界，2006（3）.

［93］吴海涛，丁士军.贫困动态性：理论与实证［M］.武汉：武汉大学出版社，2013.

［94］吴海涛，侯宇，曾燕芳.多维贫困视角下农村家庭性别贫困度量［J］.统计与决策，2013（20）.

［95］吴石磊，赵鑫，许家云.农村居民食物消费对农村贫困的影响研究［J］.山西财经大学学报，2013（4）.

［96］武小龙，刘祖云.中国城乡收入差距影响因素研究——基于2002—2011年省级PanelData的分析［J］.当代经济科学，2014（1）.

［97］夏庆杰，宋丽娜，Simon Appleton.经济增长与农村反贫困［J］.经济学（季刊），2010（3）.

［98］肖云，严茉.我国农村贫困人口对扶贫政策满意度影响因素研究［J］.贵州社会科学，2012（5）.

［99］薛美霞，钟甫宁.农业发展、劳动力转移与农村贫困状态的变化——分地区研究［J］.农业经济问题，2010（3）.

[100] 严斌剑,周应恒,于晓华.中国农村人均家庭收入流动性研究:1986—2010年[J].经济学(季刊),2014(3).

[101] 杨丽雪,单德朋,苏永杰.生态环境、碳排放与贫困减缓——基于西部地区省级面板数据的实证研究[J].西南民族大学学报(人文社会科学版),2014(6).

[102] 杨龙,汪三贵.贫困地区农村家庭的多维贫困测量与分解——基于2010年中国农村贫困监测的农村家庭数据[J].人口学刊,2015(2).

[103] 姚建平.中国城市工作贫困化问题研究——基于CGSS数据的分析[J].社会科学,2016(2).

[104] 余菊,刘新.城市化、社会保障支出与城乡收入差距来自中国省级面板数据的经验证据[J].经济地理,2014(3).

[105] 岳希明,李实,王萍萍,等.透视中国农村贫困[M].北京:经济科学出版社,2007.

[106] 张科静,王亚琦,吴海涛.我国农村女性受教育程度对儿童多维贫困的影响[J].开发研究,2016(1).

[107] 张立冬,李岳云,潘辉.收入流动性与贫困的动态发展:基于中国农村的经验分析[J].农业经济问题,2009(6).

[108] 张立冬.中国农村贫困代际传递实证研究[J].中国人口·资源与环境,2013(6).

[109] 张莉.科技进步、人力资本与西部地区农村贫困减缓——基于省级面板数据的实证研究[J].科学学与科学技术管理,2015(3).

[110] 张莹,万广华.我国城市贫困地区差异之研究[J].管理世界,

2006（10）.

[111] 张蕴萍.中国农村贫困形成机理的内外因素探析［J］.山东社会科学，2011（8）.

[112] 章元,丁绎镔.一个"农业大国"的反贫困之战——中国农村扶贫政策分析［J］.南方经济，2008（3）.

[113] 章元,万广华,史清华.中国农村的暂时性贫困是否真的更严重［J］.世界经济，2012（1）.

[114] 章元,万广华.贫困脆弱性的预测及未来贫困与社会资本的实证研究［C］.中国青年经济学者论坛，2008.

[115] 章元,万广华,刘修岩,等.参与市场与农村贫困期一个微观分析的视角［J］.世界经济，2009（9）.

[116] 章元,许庆,邬璟璟.一个农业人口大国的工业化之路期中国降低农村贫困的经验［J］.经济研究，2012（11）.

[117] 章元,许庆.农业增长对降低农村贫困真的更重要吗？——对世界银行观点的反思［J］.金融研究，2011（6）.

[118] 郑宝华.风险、不确定性与贫困农村家庭行为［J］.中国农村经济，1997（1）.

[119] 国家统计局.中国农村统计年鉴［G］.北京：中国统计出版社，2014.

[120] 国家统计局.中国统计年鉴［G］.北京：中国统计出版社，2015.

[121] 中国农村贫困标准课题组.中国农村贫困标准研究［J］.统计研究，1990（6）.

[122] 周恩静, 胡棋智. 中国农村贫困居民收入流动性研究[J]. 人口学刊, 2011（3）.

[123] 周景彤. 收入不均等对经济增长影响的研究评述[J]. 经济学动态, 2008（2）.

[124] 周世军, 周勤. 政策偏向、收入偏移与中国城乡收入差距扩大[J]. 财贸经济, 2011（7）.

[125] 祝梅娟. 贫困线测量方法的最优选择[J]. 经济问题探索, 2003（6）.

[126] 邹薇, 方迎风. 关于中国贫困的动态多维度研究[J]. 中国人口科学, 2011（6）.

[127] Aaberge R, Mogstad M.On the Definition and Measurement of Chronic Poverty[J].Social Science Electronic Publishing, 2007.

[128] Aasha K, Amita S.Chronic poverty in India: Incidence, causes and policies[J].World Development, 2003, 31（3）: 491-511.

[129] Addabbo T, Baldini M.Poverty dynamics and social transfers in Italy in the early 1990s[J].International Journal of Manpower, 2000, 21（3）: 291-321.

[130] Adelman I, Subbarao K, Vashishtha P.Some Dynamic Aspects of Rural Poverty in India[J].Economic and Political Weekly, 1985, 20（39）: A103-A116.

[131] Akeda Yuka.Poverty Dynamics in Russia during the 1990s[J].Slavic Studies, 2004, 24（51）: 241.

[132] Alkire S, Foster J.Counting and Multidimensional Poverty

Measurement[J].Journal of Public Economics, 2012, 95(7):476-487.

[133] Alkire S, Santos M E.Acute Multidimensional Poverty: A New Index for Developing Countries[J].Social Science Eleotronic Publishing, 2011.

[134] Alwang J, Siegel P B, Jorgensen S L.Vulnerability: A Review f rom Different Disciplines[J]. Social Protection Discussion Papers, 2001: 1-60.

[135] Angus Deaton, Christina Paxson.Growth and Saving among Individuals and Households [J].Review of Economics and Statistics, 2000, 82(2): 212-225.

[136] Antolin P, Dang T T, Oxley H.Poverty dynamics in four OECD countries[J].OECD Working Papers, 1999(212).

[137] Arndis Vilhjalmsdottir, Ragna B.Gardarsdottir, Jon Gunnar Bernburg, Inga Dora Sigfusdottir, Neighborhood income inequality, social capital and emotional distress among adolescents: A population-based study[J].Journal of Adolescence, 2016, 51.

[138] Attwood D W.Why Some of the Poor Get Richer: Economic Change and Mobility in Rural West India[J].Current Anthropology, 1979, 20(3): 495-516.

[139] Augustin Kwasi Fosu.Growth, Inequality, and Poverty Redu in Developing Countries: Recent Global Evidence[J].Research in Economics, 2016.

[140] Bane M J, Ellwood D T.Slipping into and out of poverty: The dynamics of Spells[J].Journal of Human Resources, 1986, 21(1): 1-23.

[141] Barrett C B.Rural poverty dynamics: Development policy implications[J]. Agricultural Economics, 2005, 32(1): 45-60.

[142] Barrett C B, Carter M R, Little P D.Understanding and reducing persistent poverty in Africa: Itroduction to a special issue[J].Journal of Development Studies, 2006, 42(2): 167-177.

[143] Barrett C B, Holden S, Clay D C.Can Food-for-Work Programs Reduce Vulnerability?[M].UK: Oxford University Press, 2004.

[144] Behrman J, Pollak R, Taubman P.From parent to child: Intrahousehold allocations and intergenerational Relations in the United States[M]. Chicago: University of Chicago Press, 1995.

[145] Carter M R, Barrett C.The economics of poverty traps and persistence of poverty: An assetbased approach[J].Journal of Development Studies, 2006, 42(2): 178-199.

[146] Chaudhuri S, J Jalan, A Suryahadi.Assessing Household Vulnerability to Poverty: A Methodology and Estimates for Indonesia[J]. Discussion Papers, 2002.

[147] Chaudhuri S.Assessing Vulnerability to Poverty: Concepts, Empirical Methods and Illustrative Examples[J].World Bank Working Paper, 2003.

[148] Cheli B, Lemmi A A.Totally Fuzzy and Relative Approach to the Multidimensional Analysis of Poverty[J].Economic Notes, 1995(24): 115-134.

[149] Christiaensen L J, Subbarao K.Towards an understanding of vulnerability in rural Kenya [J].Journal of African Economies, 2005, 14 (4): 520-558.

[150] Barrett Christopher B.Rural poverty dynamics: Development policy implications [J].Agricultural Economics, 2005, 32 (1): 45-60.

[151] Chunlai Chen.The impact of foreign direct investment on urban-rural income inequality [J].China Agricultural Economic Review, 2016, 83.

[152] Li D X, Guindon G E.Emmanuel Guindon, Income, income inequality and youth smoking in low-and middle-income countries [J].Addiction, 2013: 1084.

[153] Dercon S.Economic reform, growth, and the poor: Evidence from rural Ethiopia [J].Journal of Development Economics, 2006, 81 (1): 1-24.

[154] Dercon S.Fate & fear: Risk and its consequences in Africa [J]. Economics, 2008, 17 (Suppl2):97-127.

[155] Dercon S, Hoddinott J, Woldehanna T.Shocks and consumption in 15 Ethiopian villages: 1999—2004[J].Journal of African Economies, 2005, 14(4): 559-585.

[156] Duncan G J, et al.Poverty Dynamics in Eight Countries [J].Journal of Population Economics, 1993 (6): 215-234.

[157] Elena Brcena Martn, Frank A Cowell.Static and Dynamic Poverty in Spain, 1993—2000 [J].International Studies Papers, 2007, 26 (1): 51-77.

[158] Ellis F.Peasant Economic: Farm Households and Agrarian

Development [M].UK: Cambridge University Press, 1993.

[159] Ficawoyi Donou-Adonsou, Kevin Sylwester.Financial development and poverty reduction in developing countries: New evidence from banks and microfinance institutions [J].Review of Development Finance, 2016, 61.

[160] Finnie Ross, Arthur Sweetman.Poverty Dynamics: Empirical Evidence for Canada [J].Canadian Journal of Economics / revcle Carodienne Déconomique, 2003, 36 (2):291-325.

[161] Foster J, Greere J, Thorbecke E.A class of decomposable poverty measures [J].Econometrica, 1984, 52 (3): 761-766.

[162] Gehlich Shillabeer, Mareen.Poverty alleviation or poverty traps? Microcredits and vulnerability in Bangladesh [J].Disaster Prevention and Management, 2008, 17 (3).

[163] Sharon L Harlan.Poverty Dynamics: Issues and Examples [J].Contemporary Sociology, 1996, 25 (3): 339.

[164] Headey B, Marks G, Wooden M.The dynamics of income poverty in Australia: Evidence from the first three waves of the HILDA Survey [J].Australian Journal of Social Issues, 2005, 40 (4): 541-552.

[165] Henry Lee, Aldrie.The Dynamics of Poverty in Jamaica, 1989-1999[J].Social and Economic Studies, 2001, 50 (1): 199-228.

[166] Hoddinott J, Quisumbing A.Methods for Microeconometric Risk and Vulnerability Assessments[J].Social Protection Discussion Paper Series,2003(0324).

[167] Hoffmann Rasmus, Hu Yannan, de Gelder Rianne, Menvielle

Gwenn, Bopp Matthias, Mackenbach Johan P.The impact of increasing income inequalities on educational inequalities in mortality——An analysis of six European countries［J］.International journal for equity in health, 2016, 151.

［168］Holzmann R, Jorgensen S.Social Protection as Social Risk Management: Conceptual Underprinnings for the Social Protection Sector Strategy Paper［J］.Journal of International Development, 1999（11）: 1005-1027

［169］Hulme D.Chronic poverty and development policy: An introduction［J］.World Development, 2003, 31（3）: 399-402.

［170］Islam N, Shimeles A.Poverty Dynamics in Ethiopia: State Dependence and Transitory Shocks［D］.Working paper in Economics 260, Geoteborg University, 2007.

［171］Jalan J, Ravallion M.Geographic Poverty Traps? A Micro Model of Consumption Growth in Rural China［J］.Journal of Applied Econometrics, 2002, 17（4）: 329-346.

［172］James T Bang, Aniruddha Mitra, Phanindra V Wunnava.Do remittances improve income inequality? An instrumental variable quantile analysis of the Kenyan case［J］.Economic Modelling, 2016.

［173］Jeroen Horemans, Ive Marx, Brian Nolan.Hanging in, but only just: Part-time employment and in-work poverty throughout the crisis［J］.IZA Journal of European Labor Studies, 2016, 51.

［174］Jong-Hee Kim.A Study on the Effect of Financial Inclusion on the Relationship Between Income Inequality and Economic Growth［J］.Emerging

Markets Finance and Trade, 2016, 522.

[175] Kenneth S Chan, Vinh Q T Dang, Tingting Li, Jacky Y C.So Under-consumption, trade surplus, and income inequality in China [J].International Review of Economics and Finance, 2016, 43.

[176] Liu Yanhua, Xu Yong.A geographic identification of multidimensional poverty in rural China under the framework of sustainable livelihoods analysis [J].Applied Geography, 2016.

[177] Loury G C.Intergenerational Transfers and the Distribution of Earnings [J].Econometrica, 1981, 49 (4): 843-867.

[178] Lugo M A, Maasoumi E.Multidimensional poverty measures from an information theory perspective [J].Working Papers, 2008.

[179] Luttmer E F P.Measuring Poverty Dynamics and Inequality in Transition Economies: Disentangling Real Events from Noisy Data [D].Chicago: University of Chicago, 2001.

[180] Meillassoux G.Maidens, Meal and Money: Capitalism and the Domestic Community [M].UK: Cambridge University Press, 1981.

[181] Monostori J.On the dynamics of poverty [J].Review of Sociology, 2005, 11 (1): 127-133.

[182] Morduch J, Sicular T.Rethinking Inequality Decomposition, with evidence from Rural China [J].Economic Journal, 2002, 112 (476): 93-106.

[183] Muhammad Shahbaz, Ijaz Ur Rehman, Nurul Shahnaz Ahmad Mahdzan, Linkages between income inequality, international remittances and

economic growth in Pakistan［J］.Quality & Quantity, 2014, 48（3）: 1511.

［184］Oihana Aristondo, Mariateresa Ciommi.The decompositions of rank-dependent poverty measures using ordered weighted averaging operators［J］.International Journal of Approximate Reasoning, 2016.

［185］Patrick S Ward.Transient Poverty, Poverty Dynamics, and Vulnerability to Poverty: An Empirical Analysis Using a Balanced Panel from Rural China［J］.World Development, 2016, 78.

［186］Rachel Gold, Ichiro Kawachi, Bruce P.Kennedy, John W Lynch, Frederick, A Connell.Ecological Analysis of Teen Birth Rates: Association with Community Income and Income Inequality［J］.Maternal and Child Health Journal, 2001, 53.

［187］Ricardo J R Guimaraes.Searching for the Vulnerable: A Review of the Concepts and Assessments of Vulnerability Related to Poverty［J］.The European Journal of Development Research, 2007, 19（2）: 234-250.

［188］Rockli Kim, Sanjay K Mohanty, Subramanian S V.Multilevel Geographies of Poverty in India［J］.World Development, 2016.

［189］Siobhan Austen, Gerry Redmond.Male Earnings Inequality, Women's Earnings, and Family Income Inequality in Australia, 1982-2007［J］.Journal of Economic Issues, 2013, 47（1）.

［190］Sukanta Bhattacharya, Sarani Saha, Sarmila Banerjee.Income inequality and the quality of public services: A developing country perspective［J］.Journal of Development Economics, 2016, 123.

[191] Sung Min Han.Income inequality, electoral systems and party polarisation [J].Eur J Polit Res, 2015, 54 (3).

[192] Swati Dutta.Identifying Single or Multiple Poverty Trap: An Application to Indian Household Panel Data [J].Social Indicators Research, 2015, 120 (1).

[193] Takashi Oshio, Kunio Urakawa.The Association Between Perceived Income Inequality and Subjective Well-being: Evidence from a Social Survey in Japan [J].Social Indicators Research, 2014, 116 (3).

[194] Tay Stephen.Rethinking Income Inequality in Japan and China (1995-2007): The Objective and Subjective Dimensions [J].Social Science Electronic Publishing, 2016, 51 (3):230-257.

[195] Thomas D Stucky, Seth B Payton, John R Ottensmann.Intra-and inter-neighborhood income inequality and crime [J].Journal of Crime and Justice, 2016, 39 (3).

[196] Unal Seven, Yener Coskun.Does financial development reduce income inequality and poverty? Evidence from emerging countries [J].Emerging Markets, 2014, 23 (1): 241-268

[197] Valletta R G.The ins and outs of poverty in advanced economies: Government policy and poverty dynamics in Canada, Germany, Great Britain, and The United States [J].Review of Income and Wealth, 2006, 52 (2): 261-284.

[198] Farzin Y H, Akao K I.Poverty, social preference for employment, and natural resource depletion [J].Environmental Economics and Policy Studies,

2015, 17 (1).

[199] Yamano T, Alderman H, Christiaensen L.Child Growth, Shocks, and Food Aid in Rural Ethiopia [J].American Journal of Agricultural Economics, 2005, 87 (2): 273-288.

[200] Yixiao Zhou, Ligang Song.Income inequality in China: Causes and policy responses [J].China Economic Journal, 2016, 92.

[201] Zhang Yuan, Wan Guanghua.An Empirical Analysis of Household Vulnerability in Rural China[J].Journal of the Asia Pacific Economy, 2006, 11(2): 196-212.

[202] Zhang Yuan, Wan Guanghua.How Precisely Can We Estimate Vulnerability to Poverty? [J].Oxford Development Studies, 2009, 37 (3): 277-287.

[203] Zimmerman F J, Carter M R.Asset Smoothing, Consumption Smoothing and the Reproduction of Inequality Under Risk and Subsistence Constraints [J].Journal of Development Economics, 2003 (71): 233-260.

后 记

贫困缓解从根本上可以从两个方面入手，一是经济增长，二是收入分配。过去30多年，中国反贫困的巨大成就主要得益于持续而强劲的经济增长。在收入分配状况不变的前提下，贫困缓解与经济增长存在着相对应的正相关关系。然而，近年来受全球经济危机、人民币汇率变动和劳动力成本上升以及国内经济结构调整的影响，中国经济发展进入新常态，由高速增长的时代进入中速增长的时代，这意味着通过经济增长推动贫困缓解的效应下降。未来中国贫困缓解不得不重点关注收入不均等问题。中南财经政法大学农林经济管理专业的研究者一直关注中国农村贫困问题，围绕经济增长、农村贫困、收入不均等问题展开了长期的、深入的研究，以期为科学合理地减贫政策制定提供理论依据和经验参考。我们将相关的成果进行梳理集结于本书中，以期得到广大关注农村发展同仁的关注和批评。

本书研究和出版得到国家自然科学基金面上项目"生命周期、生计策略与农村贫困动态性"（编号：71273281）和国家自然科学基金青年基金项目"城镇化路径选择对农村贫困影响的效应与机制"（项目编号：71573277）的支持。

后 记

本书由熊小刚和吴海涛共同研究和执笔完成。吴海涛负责整体研究的设计；熊小刚负责组织本书撰写、实地调研和数据分析，共完成本书撰写约21万字。在从事本书研究的过程中，许多机构和人员提供了支持和帮助。国家统计局湖北农村调查队为本书研究提供了丰富的数据支持，中南财经政法大学陈池波教授为本书研究框架的构建提出了宝贵意见，农业经济学专业博士研究生江帆、汪为、彭继权为本书写作收集了大量文献资料。湖北省社科院农经所邹进泰研究员，中南财经政法大学农林经济管理专业严立冬教授、张开华教授、郑家喜教授、邓远建副教授为本书修改提出大量的建议。中南财经政法大学农业经济管理专业和农村与区域发展专业研究生博士研究生肖锐和硕士研究生武彦含、徐玖玲、刘歆怡、黄莹伟、叶娟在初稿完成后协助我们阅读和校对了书稿。本研究相关的调研工作得到了湖北省荆州市、襄阳市、恩施苗族土家族自治州等相关部门的大力支持和配合，在此一并表示感谢！